· 瞭望智库公共政策研究丛书 ·

疫情大考下汽车业全记录

GLOBAL AUTOMOBILE DURING THE PANDEMIC

汽车强国之路 2020

同济大学国家现代化研究院
瞭望智库
编著

同济大学出版社
TONGJI UNIVERSITY PRESS

图书在版编目(CIP)数据

汽车强国之路. 2020 / 同济大学国家现代化研究院，瞭望智库编著. —上海：同济大学出版社，2020.12
ISBN 978-7-5608-9636-6

Ⅰ. ①汽… Ⅱ. ①同… ②瞭… Ⅲ. ①汽车工业—工业发展—研究—中国— 2020 Ⅳ. F426.471

中国版本图书馆 CIP 数据核字(2020)第 251293 号

汽车强国之路 2020

同济大学国家现代化研究院
瞭望智库
编著

责任编辑 华春荣 **执行编辑** 翁 晗 **责任校对** 徐春莲 **封面设计** 吴博闻

出版发行 同济大学出版社 www.tongjipress.com.cn
(地址:上海市四平路 1239 号 邮编:200092 电话:021-65985622)
经 销 全国各地新华书店
排 版 南京文脉图文设计制作有限公司
印 刷 启东市人民印刷有限公司
开 本 700 mm×1000 mm 1/16
印 张 14
字 数 280 000
版 次 2020 年 12 月第 1 版 2020 年 12 月第 1 次印刷
书 号 ISBN 978-7-5608-9636-6

定 价 68.00 元

特别鸣谢

上海汽车集团股份有限公司

编 委 会

序一

《汽车强国之路 2020》作为“瞭望智库公共政策研究丛书”之一，是继《新能源汽车产业蓝皮书——中国新能源汽车产业调研报告 2016》《汽车强国之路 2017》《汽车强国之路 2018》《汽车强国之路 2019》之后，瞭望智库又一部对中国汽车产业发展进行梳理的研究专辑。

2020 新年伊始，新冠肺炎疫情在全球扩散蔓延，全球各主要经济体均遭遇不同程度的冲击。对于中国而言，2020 年更是不平凡的一年：从常态化疫情防控条件下推进经济社会发展，到“十三五”收官；从现行标准下消除绝对贫困，到实现第一个百年奋斗目标，诸多重要时间点在这一年交汇。

过去一段时间，中国汽车产业作为国民经济的重要支柱，顶住了前所未有的压力，在抗疫防疫和复工复产的过程中，展现出极强的韧性和责任担当，为稳住经济基本盘作出了贡献，为经济社会的恢复与发展坚定了信心。

中国汽车工业协会数据显示：截至 2020 年 9 月，中国汽车产销已连续六个月呈现同比增长，销量增速已连续五个月保持在 10％以上。国家统计局数据显示：2020 年 1—9 月，汽车制造业工业增加值实现了同比增长 4.4％。

与此同时，中国汽车产业面临的挑战也是复杂而严峻的。当前，我国正在逐步形成以国内大循环为主体、国内国际双循环相互促进的新发展格局。如何打好内外“两张牌”，是摆在中国汽车产业面前的一道大题。

在国内市场经历了二十余年的高速增长后，近两年来的中国汽车产销增速已经趋缓，标志着中国汽车产业正式进入结构调整、转型升级的关键期。下一步，如何推动汽车产业高质量发展，实现汽车强国战略，成为重要议题。

在全球范围内，新技术革命、贸易保护主义回潮等多重因素叠加，正在重塑全球汽车产业供应链及价值链格局。新冠肺炎疫情的暴发，为汽车业重新审视供应链安全、探索多元化布局提供了新视角。对于中国汽车业而言，切实保障产业链安全、提升整体抗风险能力、争取国际主动权是一项必要且紧迫的任务。

瞭望智库从2015年开始对以新能源汽车为代表的我国汽车产业进行持续跟踪调研。通过与主管部委以及新华社兄弟单位一道，深入企业和市场进行实地调查，主办召开由部委官员、业界专家以及企业人士参与的内部闭门研讨会，对我国汽车产业的发展现状、问题难点和未来趋势进行摸底调查。其中，多份调研成果已报送决策层，并获得主管部门的关注，为辅助决策提供了有力支持。

《汽车强国之路2020》分为上、中、下三篇，共九个章节，系统性地梳理了从2019年至2020年上半年全球及中国汽车产业的发展状况。

上篇“疫情冲击下的全球汽车业”。对2020年上半年，疫情冲击下的全球汽车产业进行了全方位剖析，主要包括三方面内容：一是详尽阐述了全球汽车产业供需链条所经历的一系列危机，以及各主要区域市场表现和跨国企业的应对策略。二是客观记录了中国汽车产业经历疫情大考的全过程。三是针对未来一段时期，常态化疫情防控过程中，中国汽车业将面临的“危与机”展开多角度论述。

中篇“中国汽车迈向发展新阶段”。聚焦2019年中国汽车产业的整体发展状况，主要包括三方面内容：一是紧扣中国汽车业从增量时代转向存量时代这一时间节点，阐述上下游各环节面临的痛点与转型路径。二是聚焦一批代表企业，解析当前国有企业、民营企业、合资企业、外资企业和新造车势力在产业发展新时期的应对策略、难点与挑战。三是围绕产业管理体制改革展开，重点梳理和总结2019年主管部门的重点政策及意义。

下篇“新出行时代再思考”。从全球视角审视了汽车产业正在经历的新一轮深度调整，主要包括三方面内容：一是传统车企在经历了百年发展后面临的电动化、智能化、网络化、共享化转型抉择。二是在新能源变革的席卷下，汽车产业如何在新技术、新业态、新模式中寻找新增长点。三是从智慧出行变革出发，结合与汽车产业息息相关的技术路线与商业模式，探讨未来汽车社会的形态，以及汽车产业在大交通时代的新定位。

《汽车强国之路2020》能顺利出版，期间得到了发改委、工信部、公安部、交通部、国家能源局等多个国家主管部门和地方主管部门，同济大学、中国汽车工业协会等高校科研院所和行业协会，以及上汽集团等多个企业的大力支持。此外，新华社兄弟部门及其他相关领域的干部、专家也为本书提供了支持和帮助，在此一并致谢。

虽然经过近一年的调研筹划，但受能力与时间所限，本书还有诸多疏漏不足之处，敬请各位专家、读者不吝指正。

本书编委会

本书主编：王建军

2020年11月

序二

2020年是注定要载入史册的特殊年份。年初，新冠肺炎疫情暴发并在全球蔓延，汽车产业链经历了一系列连锁危机。同时，2020年也是“十三五”的收官之年，是我国全面建成小康社会之年。

在此背景下，《汽车强国之路2020》顺应时代背景，凝聚业内多位专家、学者的心血和智慧，对疫情期间全球及中国汽车产业的发展态势进行了全景解析。本书充分肯定了我国汽车工业在过去一年所取得的进步，客观中立地评估了中国汽车产业的发展现状和面临的问题，并对未来行业方向进行了再思考。本书不仅为业界应对变革树立了信心，也为广大读者全方位了解我国汽车产业提供了翔实的研究材料。在此，我对参与本次研究报告编制工作的专家和学者表示由衷敬佩！

改革开放40多年来，我国汽车工业从小到大，在市场规模、品牌提升、合资合作、新能源汽车培育等方面取得了伟大成就，更为全球汽车企业提供了充分竞争的舞台，从根本上改变了世界汽车产业的格局。

经历了20多年的高速增长之后，中国汽车产销量已经连续两年呈现下滑态势，进入了平台调整期。面对日趋复杂的国际经贸环境，如何推动汽车产业高质量发展，实现汽车强国战略，成为摆在中国汽车产业面前的一道难题。

为了实现汽车强国梦想，我认为业界应充分重视以下几点内容：

第一，产销两端要充分认识到工业互联网给汽车工业带来的改变。

在生产端，沿用百年的大批量流水作业方式，将逐步被智能制造所取代，产业基础高级化、产业链现代化的发展方向已经十分明确。在消费端，信息化技术的应用，使消费者定制汽车产品成为可能，汽车即将走进个性化消费时代。消费需求的改变则进一步促使汽车业的制造变革、产品变革和营销变革。

第二，全行业要不断优化和健全中国汽车产业创新产业链体系。

2020 年 8 月，国务院印发《新时期促进集成电路产业和软件产业高质量发展若干政策》，指出要不断探索构建社会主义市场经济条件下关键核心技术攻关新型举国体制。对于汽车产业而言，组织行业力量集中攻关技术"硬骨头"、推动创新成果产业化，是一项长期且极为重要的工作。此外，还要做好汽车供应链战略设计，精准施策，打造具有更强创新力、更高附加值、更安全可靠的产业链和价值链，推动汽车全产业链优化升级。而这些工作的完成，离不开全行业的共同努力。

第三，企业要认清快速持续变化的产业生态，合理调整战略布局。

面对不断变化的国内外产业环境，汽车企业可以充分考虑实施强强联合和跨界融合，通过产业链重构的方式寻求更多创新发展机遇。与此同时，中国汽车企业要勇于探索、紧跟形势，在打造核心竞争力方面下大功夫。通过深入推进产学研深度融合，坚持技术创新和产品品牌能力提升，在补足产业短板的同时，加强前瞻布局和关键核心技术创新，研发掌握智能芯片、自动驾驶等关键技术，保持技术创新的先进性。

第四，要坚持扩大更高水平的开放和深化市场化改革互促共进。

一方面，中国汽车业要坚持扩大开放，充分吸收借鉴国际成熟市场的经验和有益成果，加快国内制度规则与国际接轨。另一方面，在国内产业管理体制方面，要加快更深层次的治理体系改革，尊重市场规律、结合产业实际、营造创新氛围，推动汽车产业迈向高质量发展。

未来五年，是乘势而上、开启全面建设社会主义现代化国家新征程的第一个五年，是国家两个百年奋斗目标的历史交汇期，也是汽车产业转型升级的关键窗口期。汽车产业必须抓住这一战略机遇期，在变局中开新局，在危机中育新机，加快形成健康的国内产业大循环，促进国内国际双循环发展格局，构建发挥引领作用的汽车强大市场，创造汽车产业发展新机遇，开拓汽车产业全球化新局面，中国汽车强国梦一定能够实现。

中国汽车工业协会常务副会长兼秘书长

付炳锋

2020 年 11 月

序三

瞭望智库撰写的《汽车强国之路 2020》分为三大篇章，以泱泱数十万言，阐述了疫情以来全球汽车产业的遭遇、困惑，以及中国砥砺前行、力挽狂澜的壮举；中国在“新发展格局”下产业转型升级、各类企业创新攻关、管理体制机制改革吸纳新元素的征程；以及全球传统汽车市场面临的转型阵痛，跨国汽车企业的合纵连横，未来汽车社会发展路径，等等。

从国际到国内，从现实到未来，将汽车产业的今生来世描述得如此清晰准确，是近期内不多见的一部力作。

新中国成立71年来，中国汽车产业发展与国家工业化和现代化历程同频共振，经历了从农业国向建设工业化国家过渡；大力建设现代化工业国家；基本建成现代化工业制造大国三个重要历史阶段。

在国际形势错综复杂，国内改革艰巨繁重，新冠肺炎疫情严重冲击的背景下，中国正在迈入新的历史阶段。十九届五中全会公报对当下形势的分析是：当前和今后一个时期，我国发展仍然处于重要战略机遇期，但机遇和挑战都有新的发展变化。同时国际环境日趋复杂，不稳定性不确定性明显增加。对此，应树立底线思维，准确识变、科学应变、主动求变。

2020年5月14日，中央首次提出“构建国内国际双循环相互促进的新发展格局”的重大战略部署。5月23日，习近平总书记再次强调：“逐步形成以国内大循环为主体、国内国际双循环相互促进的新发展格局，培育新形势下我国参与国际合作和竞争新优势”，为我国统筹国内国际两个大局、在危机中育新机、于变局中开新局指明了方向,这也表明中国进入了构建“新发展格局”的重要阶段。

近几个月来,“新发展格局”的政治表述越来越清晰、越来越明确。“新发展格局”的很多内容都与汽车产业密切相关,这就要求汽车行业要在新形势下有新作为。对此,笔者梳理出其中 8 项内容:

第一,形成国内国际双循环的市场结构。

一个以国内循环为主、国际国内相互促进的双循环发展格局,将基本结束产业“市场和资源两头在外”的发展阶段,开始向“解决好人民日益增长的美好生活需要”转变。这将是一个较长时期的战略任务。

汽车产业和汽车市场在经历了传统的自主工业模式(1949—1978 年)、跟随的现代工业模式(1978—2000 年)和外溢效应凸显与自主崛起并重的发展阶段(2000—2020 年)之后,在以国内循环为主的双循环新发展格局中,我国汽车产业的首要任务就是稳定并扩大中国市场。一个具有鲜明中国特色的现代工业模式和市场模式的发展机遇将再次出现。

第二,完善要素市场化体制机制。

2020 年 3 月 30 日,中共中央、国务院发布《关于构建更加完善的要素市场化配置体制机制的意见》,提到完善要素市场化配置是建设统一开放、竞争有序市场体系的内在要求,是坚持和完善社会主义基本经济制度、加快完善社会主义市场经济体制的重要内容,明确五个基本要素是:土地要素、劳动力要素、资本要素、技术要素、数据要素。

其中,资本要素对汽车行业而言就是股比限制放开。如今,新能源汽车的外资股比限制已取消,2020 年放开商用车外资股比限制,2022 年放开乘用车股比限制。与此同时,金融企业外方控股比例也已经全面放开。在资本要素全面放开的条件下,确保汽车产业发展安全的问题就越发凸显。而技术要素和数据要素是汽车产业安全发展的基础保障,需要予以高度重视。

第三,完成产业基础再造和产业链提升大布局。

5 月 14 日,中共中央政治局常务委员会会议明确:要实施产业基础再造和产业链提升工程。其中提到，要巩固传统产业优势，强化优势产业领先地位，抓紧布局战略性新兴产业和未来产业，以提升产业基础高级化、产业链现代化水平。

从某种意义上讲，汽车产业是兼具传统产业、优势产业（汽车是国家经济命脉）、战略性新兴产业（新能源汽车）和未来产业（智能汽车）这“四大产业”特质的典型范例，必将萌生和催发出社会经济发展的新模式、新平台、新业态和“新基建”。当前强调“四大产业”并举的布局，更加说明传统产业不可轻易丢失，不可偏废。之前汽车业内常常提起要制定“禁燃时间表”，燃油车作为传统产业，不能一禁了之。

第四，举国体制创新攻关不断延伸。

5月14日召开的中共中央政治局常务委员会还指出：要发挥新型举国体制优势，加强科技创新和技术攻关，强化关键环节、关键领域、关键产品保障能力。

如今，汽车产业已开始尝试打通从原始创新到原理实现，再到工业化实现和市场推广的创新链条。这说明汽车行业已经抓住了科技创新的根本，举国体制创新攻关的链条还将不断延伸。

第五，落实“六保”与“六稳”的积极举措。

2020年政府工作报告打破了改革开放几十年的“惯例”，没有设定具体的GDP增速目标，而是以“六稳”“六保”为底线，实施积极的财政政策、稳健的货币政策、就业优先政策。

“六保”“六稳”与汽车产业休戚相关。“保就业”“保民生”“保产业链”和“保基层”这“四保”，将重点转向中小微企业。涉及汽车产业的，则是如何建设好汽车产业链、供应链，确保供应链上具有核心技术及市场潜力的企业能够安全渡过“寒冬”。

“保市场主体”，则是汽车产业的首要任务。只要市场主体在，创新和发展的载体就在。即使遇到了困难和危机，也会形成合力、共克时艰。

“保粮食能源安全”，能源与汽车息息相关。当前国家大力推行的纯电动汽车、燃料电池汽车和各种替代燃料汽车，都是汽车行业面向未来能源安全和结构多元化的创新突破与探索。

第六，守住自主可控的完整产业链是安全底线。

2020年8月24日，习近平总书记在中南海主持召开经济社会领域专家座谈会并发表讲话时强调："越开放越要重视安全，越要统筹好发展和安全，着力增强自身竞争力、开放监管能力、风险防控能力，练就金刚不坏之身。"

《交通强国建设纲要》明确提出，要加强智能网联汽车（智能汽车、自动驾驶、车路协同）研发，形成自主可控完整的产业链。

"自主"主要体现在核心技术的把握上，"可控"主要指能够实现汽车市场的自我调节，"完整"则是指全产业链、供应链各关键节点的系统状态。核心任务是确保安全，即确保国家安全与产业安全。我国一定要实现国家全面开放与自主可控完整高度融合的伟大实践。

第七，以支柱产业发展稳住经济基本盘。

4月29日，中共中央政治局常务委员会明确：在常态化疫情防控前提下，促进汽车制造、电子信息、新材料、生物医药等支柱产业恢复发展，稳住经济基本盘。汽车产业作为"支柱产业"的作用再次被提及，并提高到"稳住经济基本盘"的高度，这是前所未有的。

从近几个月的市场表现来观察汽车产业，应该说汽车产业已经初步完成了"稳住经济基本盘"的艰巨任务。

此外，汽车产业还有两张发展"王牌"。一是通过发展新能源汽车改变能源结构，并完成在控制成本、提升效率和创新商业模式方面的市场化实践。二是通过发展智能汽车，推进"车路云一体化""5G＋V2X"等技术路线和解决方案，推动未来交通和出行社会面貌焕然一新。

总的来看，汽车产业不仅在常态化疫情防控条件下稳住了经济基本盘，在今后中长期发展过程中，还将通过新能源汽车改变能源结构，通过智能汽车的发展改变全社会生态，其影响力非常巨大。

第八，营造科技创新氛围。

习近平总书记在9月11日召开的科学家座谈会上再次强调:我国拥有数量众多的科技工作者、规模庞大的研发投入,关键是要改善科技创新生态,激发创新创造活力,给广大科学家和科技工作者搭建施展才华的舞台,让科技创新成果不断涌现出来。

关于科技创新生态,习总书记在2014年8月18日中央财经领导小组第七次会议上的讲话中就提到过:用好人才,首先要用好科学家。科技创新,需要基础研究引领和支撑。要想让科学家多出成果,必须给他们创造条件。在基础研究领域,也包括一些应用科技领域,要尊重科学研究灵感瞬间性、方式随意性、路径不确定性的特点,允许科学家自由畅想、大胆假设、认真求证。

当前,深圳、上海、江苏等城市和区域极具创新活力,华为、腾讯、阿里等中国企业也具备了较高的创新力。

究其原因,无外乎这些地方和企业形成了创新的文化氛围和生态环境,概括起来就是:开放、多元、包容、跨界。

对于汽车行业来说,应积极探讨在由政府主导的科学研究和技术开发项目,或由政府出资、与大学和产业界合作的创新项目中,在一些重点领域和重大项目中,尝试融入"开放、多元、包容和去中心化"的要素供给,形成科技创新的氛围,推动创新环境的再造。

国家正在形成新的发展格局,汽车产业正在经历新的发展阶段,"十四五"及未来一段时间,在着力建设汽车产业"新四化"的征程中,应紧扣国家对于汽车产业的期许,加快建成汽车强国。

中国汽车工业咨询委员会委员

中国国际工程咨询公司专家学术委员会专家

工信部产业政策司原副巡视员

李万里

2020年11月

序四

今天，瞭望智库编辑发布了《汽车强国之路 2020》，回顾和评价了全球和中国汽车产业在过去一年的发展历程，特别是对新冠肺炎疫情冲击下的产业格局和变化趋势做出研判，是很有价值的历史资料。不久之后，中国汽车产业即将进入“十四五”。在这期间，对产业当前形势进行梳理、对问题进行剖析、对发展进行展望，是一项必要的工作。

一、改革是“十四五”期间汽车产业发展的主线

我国汽车产业既是关系到国家安全、国民经济命脉的重要领域，也是承载未来高新技术的大众消费品，是具有重大战略意义的供给侧产业。在经历了几十年的发展后，中国汽车产业取得了举世瞩目的成绩；但同时，在产业结构、产能布局、技术创新等方面，仍有诸多结构性矛盾亟待解决，以及一些体制机制障碍亟需突破。

2020 年 5 月，中共中央政治局常务委员会会议指出：要深化供给侧结构性改革，充分发挥我国超大规模市场优势和内需潜力，构建国内国际双循环相互促进的新发展格局。

因此，展望中国汽车产业的“十四五”，改革是绝对的主线。只有牢牢把握供给侧结构性改革这一主线，将改革作为重中之重，才能实现中国汽车产业的高质量、可持续发展。

总体来看，笔者认为以下几项改革内容不可忽视：

第一，弱化短期刺激政策，强化税制改革。

在国家对外开放信号越来越明确的形势下，应在一定程度上弱化刺激汽车生产和消费的短期性政策，强化减轻消费者负担、改善车辆使用环境的政策措施，特别是激活中央和地方的相关税制改革工作，使已执行 35 年的车辆购置税和已执行 26 年的汽车消费税，进一步发挥市场调节作用。

第二，加快国有企业资本结构和经营机制改造，强化民营企业的作用。

目前我国整车企业中，国有企业数量占 80%，民营企业占 20%。而正是这 20%的民营企业，在中国自主品牌乘用车市场中占据主导地位。汽车产业是典型的竞争性行业，要使我国自主品牌乘用车市场份额大幅提高，形成真正的强国优势，就需要在“十四五”期间加快国有企业混合所有制改造，实现企业运行机制的改革；同时，进一步强化民营企业的作用。

第三，支持新造车企业的发展。

相关产业准入政策应为新造车企业拓展创新技术和产品留出更多空间。鼓励金融机构给予中资和部分外资企业同等的信贷支持力度，为新造车势力创造更加公平的竞争环境，提高我国汽车产业的自主可控能力。

第四，支持部分企业展开兼并重组，促进产业高质量发展。

“十四五”期间，随着外资股比限制全面放开，部分处于弱势的中方企业将失去国家政策的保护。优胜劣汰、适者生存的法则，将加速汽车企业走向分化。多数没有经济基础、没有产业基础或产品单一的新造车企业和传统汽车生产企业将失去独立生存的机会。由此，企业另寻出路、兼并重组、资产拍卖的需求可能会加大，应引起行业重视。为有效地利用尚存的优良资产、减少资源浪费，同时缓解企业压力和社会矛盾，政府有责任制定支持和鼓励兼并融合、资产重组、资源流动的相关政策，促进形成新产业格局，推动产业高质量发展。

二、推动高质量发展是“十四五”期间汽车产业发展的核心内容

全球新冠肺炎疫情持续蔓延，将在较长时间抑制消费市场，对中国汽车产业亦有不小的影响。再加上国际经贸局势日益复杂，中国经济发展可谓是在巨大压力下前行。为此，党中央在加大改革开放力度的同时，也制定了一系列针对性政策措施，旨在将压力变为动力，保障国民经济的持续发展。

从2018年开始，在国内外宏观经济等多重因素作用下，我国汽车产销量开始出现负增长：终端市场销量从2017年的2 888万辆，下滑到2019年的2 577万辆。在当前我国疫情已基本得到控制的前提下，预计2020年中国全年新车销量将会超过2 500万辆，这一数字或将是全球汽车市场的最好成绩。

未来五年，在党中央一系列发展方针的指引下，中国汽车产业作为国民经济的支柱产业，要发挥稳住经济发展基本盘的作用，就一定要实现正增长。由此设想：到2025年，如果我国汽车产销量能够达成3 000万辆的宏大目标，稳固汽车大国的位置，那么2020—2025年，全国汽车产销量就需要达到不低于3%～4%的年增速。虽然任重道远，但行业应该充满信心。

与此同时，在“牢牢把握供给侧结构性改革的主线”这一指示精神下，单纯追求高产销不再是“十四五”期间我国汽车产业的主要目标；推动高质量发展则将成为核心内容。

笔者理解，汽车产业高质量发展的核心应该包括以下关键词：绿色、协调、开放、安全、自主可控、可持续、生产率不断提高、满足消费者需求的能力不断提升，等等。

三、新的产业形态和竞争格局催生发展新动能

“十三五”期间，我国汽车产业发生了诸多结构性变化，主要体现在三

个方面：

第一，汽车产业与其他产业领域深度融合。

随着汽车动力来源、生产方式、消费模式全面变革，特别是在节能和新能源汽车技术的推动下，汽车产业与电子信息、通信与互联网、可再生能源、人工智能、智能交通等技术与产业正在加速融合，产业生态重构势在必行。跨行业跨领域融合创新、相互赋能，将成为未来汽车产业的新特征。

第二，新能源汽车产业与资本市场关系更为密切。

近年来，新能源汽车的广阔发展前景，激活了资本市场；一些新兴的新能源造车企业也开始探索走出一条“生产研发＋资本运作”的道路。目前，已有怀抱不同目的的资本大量进入造车企业，在为这一行业注入新鲜活力的同时，也带来了一系列改变乃至风险：一是部分企业在资本市场的估值要远远高于传统意义上的实体价值；二是大量资本涌入，淡化了传统汽车产业的经济批量概念，改变了以往对于车企的投资回报期许。

对此，汽车企业应该更加客观、完整地了解和看待资本市场的运作规律，同时着力提升自身造血能力，系统性提高抗风险的能力。

第三，外资企业进入将改变中国市场竞争格局。

“开放”是中国汽车市场近两年的关键词。降低整车及零部件进口关税、取消专用车、新能源汽车外资股比限制、取消商用车外资股比限制、特斯拉独资建厂等事件已经充分说明：中国汽车市场的竞争机制正在不断完善，对外开放的大门越开越大。

更加公平和激烈的竞争环境，将给一部分弱势自主品牌带来极大压力；但只有开放，才能吸引全球最优质的车企和先进技术扎根中国，并倒逼中国汽车产业形成提质增效的有效机制，从而进一步丰富中国汽车业的发展模式，激发车企的创新发展活力。

上述这些变化，将带动我国汽车产业结构发生一定改变，并形成全新的产业形态。在“十四五”期间，新的产业形态将催生新的经济形态和新的发展动能。无论是政府还是企业，都应该主动去适应和完善新的产业形态。

我们期待在“十四五”期间，中国汽车产业能够抓住改革机遇，实现以创新型企业为龙头的产业融合，加速结构调整和产业升级，推动中国汽车产业高质量发展。

原国家机械工业部汽车司副司长

中国汽车工业协会原常务副理事长兼秘书长

张书林

2020 年 11 月

—— 目 录 ——

CONTENTS

疫情冲击下的全球汽车业

上篇

第一章　疫情冲击:全球汽车产业链承压

2020年上半年,新冠肺炎疫情持续蔓延,全球汽车产销节奏被严重打乱。随着疫情在全球范围的推进和蔓延,全球汽车产业供需链条经历了一系列连锁危机,汽车业作为国际制造业大分工的典型,将各个国家与地区相依相存的关系展现得淋漓尽致。

在此情况下,一方面,跨国企业开始重新审视自身处境与问题,包括资金链脆弱、供应链布局失衡等,并制定相应的脱困策略:断臂节流、削减项目、求助政府、结盟携手,以此为全球汽车业的大浪淘沙时代做好准备。另一方面,各国家和地区也针对疫情冲击推出了一系列产业政策,无论是直接出手救市还是放宽燃油标准,抑或考虑收缩海外供应链条。可以肯定的是,疫情的到来,将在很大程度上改变全球汽车产业格局与未来走向。

一、疫情袭来,全球汽车产业链危机骤起

(一)冲击之下:全球断链危机层层传导

2020年伊始,突如其来的一场疫情,不仅打乱了多个国家和地区居民的生活节奏,也冲击着以中国为重要节点的全球产业链。作为国际大分工的典型案例,疫情下的全球汽车产业经历了一次沉重考验。随着疫情在全球范围的推进和蔓延,全球汽车产业链危机被层层传导和放大。

在这一过程中，中国在全球汽车产业供应链中的位置更加凸显。一方面，对大型外资零部件和整车制造商而言，中国供应商的重要性不言而喻。但另一方面，面对全球产业格局变化，中国汽车供应链如何夯实不可替代性，将成为未来重要议题。

从 2020 年上半年的情况来看，全球汽车产业的断链危机可分为两个阶段：第一阶段（2020 年第一季度），疫情在中国暴发，在华产业链率先遭遇冲击，影响波及海外整车厂的正常生产进度和节奏。第二阶段（2020 年第二季度），在中国疫情得到有效控制、国内汽车行业陆续复工复产的情况下，疫情在欧美日韩等国家和地区快速蔓延，直接对海外整车厂和零部件供应链产造成巨大冲击，从而间接影响到深度参与全球分工的中国汽车产业链。

需注意的是，两个阶段在时间轴上虽有前后之分，但并非是完全割裂的两部分。这从某种程度上可以说明：全球汽车产业作为国际制造业大分工的典型案例，将中国和海外供应链条紧紧耦合在一起，在疫情的冲击下，这种相依相存的关系被更加深刻地揭示出来。

第一阶段：在华产业链率先遭遇冲击。

2020 年第一季度，中国遭遇新冠肺炎疫情冲击，大部分汽车行业均被严重波及。从全球汽车产业来看，受中国疫情影响较大的企业主要包括两类：第一类是对中国零部件进口依存度很大的跨国整车厂。截至 2020 年第一季度，现代、丰田、日产、菲亚特克莱斯勒等多家大型汽车企业，均出现因中国供应商产能不足、部分生产线被迫停产的情况。

其中，受冲击最大的是韩国汽车业。韩国五大整车制造企业——现代、起亚、韩国通用、双龙和雷诺三星，均在不同程度上遭遇了上游供应不足、工厂停工的问题。例如，由于湖北采取了防疫和停工措施，当地的汽车线束供应商无法将产品及时供应至韩国，直接导致现代汽车在韩国的部分工厂从 2020 年 2 月 7 日起被迫停产。

日本车企的国内生产进程也因采购环节受到严重影响。据日本国际贸易中心统计，2019 年日本进口汽车零部件中约 37%从中国进口，占比高于美国,包括发动机周边基础零部件等多类产品。由于来自中国的零部件供货受阻,日产汽车于2020年2月宣布,位于九州的整车工厂宣布暂停生产。该工厂主要生产在日本上市的MPV车型Serena,以及出口北美市场的SUV车型Rogue。

第二类是在中国开设多家工厂的跨国零部件供应商。据初步统计,仅在此次疫情最为严重的湖北省,就聚集了博世、伟巴斯特、德尔福、法雷奥、霍尼韦尔、伟世通等多家大型汽车部件供应商,产品涵盖了发动机、变速箱、底盘、车身、电子系统等各个领域。

以博世为例,作为全球最大的汽车零部件供应商之一,博世将中国定位为集团的全球制造基地,仅在武汉就设有2家工厂、800余名雇员,主要生产汽车转向系统和热管理系统的相关部件。不仅如此,博世集团引以为傲的电动汽车关键部件——包括电机、传动装置和电子元件等,也十分依赖中国工厂的产能。

正因如此,2020年1月29日,博世集团首席执行官沃尔克马尔·邓纳尔(Volkmar Denner)对路透社记者表示,如果疫情持续下去,博世在全球的供应链将会中断。

除博世外,在华设厂的德国大型汽车零部件供应商还有许多,包括伟巴斯特、采埃孚等。杜伊斯堡-埃森大学汽车研究中心公布的预估数据显示,如果在华的全部德国汽车相关企业均遭遇停产,那么日均损失将达到7 200万欧元(约合5.46亿元人民币)。因此,该中心在报告中呼吁德国和欧盟通过各种方式尽快对中国提供援助,因为“这不光关乎人道主义,更关乎德国自身的经济命脉”。

韩国也不例外,韩国汽车工业协会(South Korean Auto Industry Association)数据显示,目前约有170家韩国第一、第二梯队零部件供应商在中国运营着约300家工厂。

第二阶段:海外供应接连“断链”。

汽车供应链复杂庞大,种类繁多。任何一个关键零部件供应商停摆,都有可能造成整个生产停滞，甚至引发全球性的供应链“断裂”危机。

正因如此，在第二阶段，随着新冠肺炎疫情在全球蔓延，一部分海外供应链遭遇停产的冲击，反向传导到中国汽车供应链。具体来看，受影响最大的企业主体包括两类：

一是自主品牌汽车企业。

这部分企业的供应链条延伸到海外，其中不乏一些企业出于转型升级的诉求，主动选择了一些高质量的海外零部件产品，例如发动机、自动变速箱、芯片、电子控制单元、传感器、连接器等。总体而言，这部分海外采购部件主要集中在欧、美、日、韩等地区，虽然总量比例相对较小，但核心部件居多、重要性较高。特别需要注意的是，有些核心部件——如电子电器、传感器类、高端滤材、高精度运放、高精度模拟采样等芯片——暂时具有不可替代性。

二是在华的合资汽车企业。

这部分企业的部分零部件也需要海外企业供货，主要包括电子电器、芯片等。一般而言，合资品牌企业的零部件都备有可供支撑两个月生产时间的库存量，少量的零部件有一个月左右的库存。因此，合资企业在疫情冲击的短期内具有更好抗压效果，但是随着海外零部件企业停工时间不断加长，合资企业在华生产节奏陆续遭遇严重冲击。

针对上述情况，商务部在 2020 年 4 月已经明确表态，海外疫情蔓延将不可避免地对汽车贸易和供应链运转带来冲击。一方面，应密切关注当前汽车供应链存在的问题，引导国内汽车企业加强海外供应商生产、供应监测，加大订货和库存，制定替代预案，合理安排生产；同时，保障汽车核心零部件、原材料以及研发、生产、测试设备等进口通道顺畅。另一方面，围绕中国制造尤其是高端制造面临的全球供应链的冲击，关键是要做大做强全产业链的一般贸易，提升中国制造在全球产业链中的竞争力；同时，推动加工贸易由组装向技术、品牌、营销转变，并借助外贸转型升级基地、稳产固链、强基固本。

（二）查漏补缺：不可替代的中国供应链

与德国、美国、日本等走过百年历程的传统汽车强国不同，中国汽车工业从零起步发展至今，只用了短短几十年时间，而高速发展期只有十余年。

但在这样的情况下，中国汽车产业不仅在本土实现了产销飞速增长，为无数中国家庭的小康梦想安上了“车轮”，为亿万国民争取到了迈入汽车社会的入场券，同时还深度嵌入全球汽车产业分工中，凭借着强大的生产制造能力和消费市场潜力，成为供需链条中不可或缺的一环。此次疫情的暴发，也为重新审视中国在全球汽车产业供应链中的位置，提供了一个全新的视角。

1. 不可或缺的中国

在上游零部件方面，从出口情况来看，全球至少50%以上汽车零部件制造与中国有关。

中国科学院地理科学与资源研究所的模型分析显示，2003—2013年间，中国年均汽车零部件出口增长率达25.7%，在全球零部件出口总量中的比重上升了近14个百分点，发展速度为各国之首。

研究结果表明，从2003年开始，全球汽车零部件贸易网络的核心就从美国和日本，逐渐向中国和德国倾斜和转移。特别是在电子电器组件、轮胎和内胎组件等领域，中国供应商具备相当的优势。

不仅是本土供应商，大批跨国零部件巨头也选择在华投资办厂，产能大部分服务于中国客户，部分供给海外市场。值得注意的是，不少外资企业如今不仅将中国视为立足亚洲乃至辐射全球的制造中心，也开始将研发及测试中心设立在中国。

在整车方面，全球汽车产业对于中国汽车生产力与市场购买力的依存度同样很高。

2019 年跨国零部件巨头在华投资情况(不完全统计)

时间	企业	国家	2019 年在华投资情况
2019.3	博世	德国	博世亚太地区首个智能助力器生产基地于南京落成启用,产品网络将覆盖亚洲,单线产能达到 150 万套
2019.3	大陆	德国	投资 2.8 亿人民币的重庆研发中心正式投入运营,是大陆集团在中国的第 18 处研发基地,新中心主要开发包括车身及动力总成在内的汽车电子产品
2019.4	采埃孚	德国	新建电子转向工厂在张家港正式投产使用,预计年产 300 百万根,2022 年销售额达到 3 亿欧元
2019.5	日本电装	日本	增资 20 亿元在广州南沙建设新厂区,布局新能源汽车相关产业,预计 2021 年开始投产
2019.9	伟巴斯特	德国	武汉新建工厂正式启用,作为伟巴斯特全球最大生产基地,预计汽车天窗年产能达 200 万套,电加热器年产能 120 万套,充电桩 60 万套
2019.9	康明斯	美国	在华首家大马力柴油发动机和燃气发动机研发中心在重庆正式投入运营,一期规划六个发动机试验间

虽然近两年经历了一些波动,但是与美国、欧洲、日本等早已步入成熟汽车社会的国家相比,中国整个市场还在成长的过程中,远没有达到饱和状态。从千人保有量这一指标来看,中国虽然位列全球第一汽车产销大国,但千人保有量只有约 140 辆,相当于美国的 1/5、日本和德国的 1/3,这说明中国汽车市场的刚需远没有封顶,未来还有很大的增长空间。

鉴于此,跨国车企将大量产能投往中国。特别是在乘用车领域,据不完全统计,目前在华的乘用车合资车企就有近 30 家。从销量情况上看,合资与外资品牌乘用车在华市场份额十分可观。中国汽车工业协会数据显示,2019 年乘用车累计产销分别完成 2 136 万辆和 2 144.4 万辆,外资和合资品牌乘用车销量占 60%以上。

在电动化汽车这一新兴市场,中国作为领头羊的角色则更加明显。2019 年,中国新能源汽车在种种不利因素的影响下,产销分别完成 124.2 万辆和 120.6 万辆,其中纯电动汽车产销分别完成 102 万辆和 97.2 万辆。而这一年,美国的电动汽车全年累计销量为 32.93 万辆,全球电动汽车销量约为 220 万辆。中国几乎占据了全球电动车市场的半壁江山。

因此,在这次突如其来的疫情中,无论是失去上游的中国供应链,抑或在中国消费市场的激烈竞争中败下阵来,对于大型外资零部件和整车制造商而言,后果都将是灾难性的。从这一角度来看,中国在全球汽车生产链条上的重要性和不可替代性不言而喻。

2. 中国汽车供应链的优势与隐忧

疫情暴发下,中国汽车制造业的“隐忧”再次显现。

2020 年 1 月,日资汽车零部件企业伟福科技宣布,将其在武汉工厂部分产能转移至菲律宾工厂。如果疫情持续蔓延,不排除还会将更多在华产能转走。据悉,该供应商主要生产汽车底盘、悬挂装置及各类踏板等。

就算没有疫情的冲击,包括汽车在内的中国制造业,也在近年嗅到了产能转移的气息:三星、微软、丰田等少部分跨国企业,在国际经贸、劳动力成本等诸多因素的影响下,开始小幅度削减在华产能,并将一部分生产转移到了缅甸、菲律宾等东南亚国家。

虽然上述转移远没有对中国制造业造成伤筋动骨的影响,但疫情初期,对于外资,甚至中资企业会否因疫情冲击,将产能转移提上议程的猜想又甚嚣尘上。

事实证明,供应链迁移并非如此简单。即使是在外部环境极为不利的情况下,中国制造业的韧性与对外资的黏性都比我们想象的要强。

2018 年下半年,正值中美经贸摩擦升级之时,日本贸易振兴机构对在华投资的 379 家德资企业展开调查,结果显示:80%以上的企业都明确表示从未考虑过转移产能。

就在同一时期,一些跨国车企的选择更令人玩味:特斯拉掌门人马斯克火速来华,迅速敲定在上海独资建厂;宝马宣布未来将增加在中国工厂生产的汽车数量,并拟将一款美产 SUV 的部分产能和设施转移至中国;福特汽车不顾美国总统特朗普的喊话,宣布将在中国启动高档车品牌林肯的生产制造。

实际上，现代制造业供应链受到诸多因素影响——劳动力成本和素质、营商环境、基础设施配套、运营成本、配套体系、交通运输条件、制造业文化，其优势一旦确立，在短时间内想要实现迁移并不容易。

除此之外，当前中国汽车制造的供应链还具备三点优势：

第一，全球化和区域化两股力量重塑全球汽车制造分工网络。

汽车是全球制造业大分工的典型产品。据统计，福特汽车在全球36个国家和地区共有450余家供应商；通用汽车在全球38个国家和地区共有482家供应商。而区域化的力量在塑造全球汽车制造格局中的作用也愈加凸显。换言之，汽车行业正在围绕区域中心进行整合。

对此，时任福特汽车产品开发和采购副执行官唐浩泰（Hau Thai-Tang）曾对英国《经济学人》杂志表示，福特汽车一直以来都是从全球各地的供应商处获得货源，但是目前他所观察到的一个趋势是：整个供应网络出现了明显的区域化特征，并由此形成了三个中心辐射区域：墨西哥辐射美国、东欧和摩洛哥辐射西欧、中国和东南亚辐射亚洲。

换言之，即使未来某些低附加值的劳动密集型产业选择从中国移出，在区域化力量的作用下，备选地也很有限。鉴于此，《经济学人》杂志认为，即使跨国企业削减在华产能，转而迁往东南亚国家，也只能是强化了“以中国为中心的地区供应链”。

第二，由于运输成本等原因，汽车业在消费市场“就近生产组装”的特点更加凸显。

随着汽车产品越来越复杂，零部件数量不断增多，特别是生产组装环节自动化程度的加深，使得“离岸生产部件—组装—运至销售地”这一过程的成本大幅上升，远不如在销售地附近组装节约成本。

以在上海工厂投产的特斯拉为例。据测算，与美国供应链相比，国产Model 3的原材料和零部件投入有望节省10%～20%，再加上制造费用和人工费用大幅降低，Model 3实现全面零部件国产化后的总生产成本，将下降20%～28%。

中国又是全球名副其实的汽车消费大国，跨国企业基于成本等方面的精明考量，会使产品的生产地、组装地和销售地尽可能接近，甚至重叠。

第三，中国汽车制造业的最大优势之一在于完整性。

2018 年，中国汽车技术研究中心受工信部装备司委托撰写的《中国汽车零部件产业发展研究》显示：中国零部件企业超过 10 万家，纳入统计的为 5.5 万家，基本实现了 1 500 种部品的覆盖。其中，动力系统 7 554 家(13.8%)，电子系统 4 751 家(8.7%)，新能源汽车专用部件 1 003 家(1.8%)，底盘系统 16 304 家(29.8%)。

在某些前沿技术领域，中国汽车产业链也具备一定的完整性。瞭望智库于 2019 年发布的《中国自动驾驶汽车产业区域发展评价报告》显示，全国自动驾驶产业链重点企业有 88 家，拥有从上游零部件到中游的一级/二级供应商，再到下游的整车制造厂、出行服务商的全产业链条。

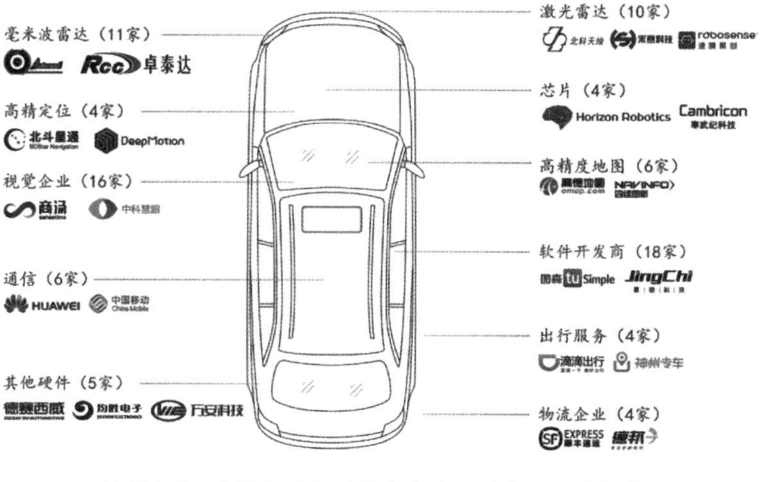

瞭望智库《中国自动驾驶汽车产业区域发展评价报告》

事实上，一个国家工业体系的完整性，正是决定这个国家工业水平的重要因素之一。换言之，完整的工业体系，一定程度上决定了一个国家的工业是否有“活性”。这一论断同样适用于汽车制造业。如果在汽车制造体系中缺失一些环节，那么剩余的部分则很难连缀成网、保有活力。这也是美国等发达国家工业体系现在面临的难题。

不可否认，目前在某些高附加值、高技术含量的产业环节，中国汽车业没有享有标准话语权和丰厚的产业利润，这也是中国汽车业常被诟病“零部件空心化”的缘由；但同时，不应否认中国汽车供应链的完整性，为产业集聚和形成规模效益打下了良好基础。

二、危中求生，跨国汽车企业脱困“众生相”

实际上，在新冠肺炎疫情暴发前，受新技术冲击、全球消费端疲软等多重影响，各大汽车区域市场已进入下行轨道。如今，疫情危机的持续影响正在给全球汽车行业带来更严峻的挑战，在供需两端严重乏力的情况下，大部分跨国汽车企业都面临着前所未有的压力。

在此情况下，“脱困救市”成为2020年摆在全球汽车厂商面前的一道难题。无论是断臂节流，还是缩减开支；无论是求助政府，还是结盟携手。可以肯定的是，全球汽车业大浪淘沙的时代已经来临。

（一）产销不振：多国政府出手救市

面对惨淡车市，全球主要汽车产销国家和地区的政府纷纷出手。在美国，放宽燃油标准的方案受到多方争议和质疑；在欧洲，“大型车企国有化”的话题再次提上了日程；在日韩，供应链安全问题成为战略层面的关键。

1. 美国：新燃油标准引发争议

近两年来，美国汽车产销市场承压状况持续加剧。特别是轿车消费市场，已经连续多年表现乏力。汽车研究和预测公司爱德蒙兹公布的数据显示：2019年美国轻型汽车销量同比下降1.6%，不足1 710万辆。其中，2019年福特汽车本土销量同比下降3%至240万辆；通用汽车销量同比下降2.3%至290万辆；菲亚特克莱斯勒销量同比小幅下降1.4%至220万辆。

2020年上半年，受疫情影响，福特、通用等多家美国本土车企均在不同程度上采取了关停工厂等紧急措施，这无疑给本就在下行周期的美国车市带来更多困难。数据显示：2020年上半年，美国汽车销量累计660.63万辆，同比下降23.7%。其中，6月当月，汽车销量同比降幅超过27%。

福特汽车上半年财报显示，公司2020财年中报归属于母公司普通股股东净利润为−8.76亿美元，同比下降167.7%；营业收入为536.91亿美元，同比下跌32.2%。通用汽车上半年总收入为495亿美元，净利润为−3亿美元。其中，一季度净利润为3亿美元；二季度调整后的息税前亏损为5亿美元，调整后的息税前亏损率为3.2%，比去年同期下滑11.5个百分点，二季度净亏损8亿美元。

按车型分类来看，美国2020年上半年的轻型车累计销量642.9万辆，同比下降23.5%，其中轿车累计销量158.9万辆，同比下降36.2%；轻型卡车累计销量484万辆，同比下降18.1%；重型卡车累计销量只有17.73万辆，同比下降31.0%。

除了整车制造企业，处于流通环节的美国汽车经销商也遭遇了寒冬。根据美国咨询公司Urban Science发布的年中汽车经销商评估报告，截至2020年7月，美国经销商数量减少了34家至18161家；拥有特许经营权的经销商数量减少了154家，降至32 031家。此外，美国汽车经销商新车销量平均值也从2019年的每家店940辆，降至2020年的734辆。

对此，全球咨询机构也纷纷下调了美国2020年汽车产销预期。IHS Markit发布报告称：预计美国2020年的汽车销量将下降26.6%至1 250万辆，跌至2010年以来的新低。

正因如此，2020年3月，美国汽车及设备制造商协会（MEMA）代表通用汽车、大众汽车、宝马汽车、丰田汽车、本田汽车等在美汽车企业发布了联名信，敦促国会“救市”。主要诉求包括：第一，由政府拨款确保工厂恢复运转，防止制造业企业破产；第二，提供强大的信贷工具，确保汽车业在应对疫情时能够保持充足的流动性；第三，推迟原定于 2020 年 6 月 1 日生效的新北美贸易协定（USMCA）。在美汽车制造商则认为，这一协定的到来可能会给企业带来巨大合规压力，使得海外生产销售面临更多困难。

与上述救市举措相比，美国政府计划放宽燃油标准的方案，则受到了多方争议和质疑。

2020 年 3 月底，美国总统特朗普发布一项规定，计划到 2026 年前，将汽车的燃油效率由奥巴马政府时期规定的每年提高 5%，降至每年提高 1.5%，以缓解传统汽车业在环保要求日益严格状况下的压力。

针对此举，美国国内分为两大阵营：传统车企代表和部分政府官员认为，新燃油标准的实施将有利于美国车市尽快反弹；并且，鉴于美国消费者更青睐较高油耗的 SUV 和皮卡车型，新标准将有力提振这部分细分车型的消费市场。

反对者则认为，特朗普政府的新燃油标准，将使得此前美国为应对气候变化而付出的努力“付之东流”。环保人士称，新标准并没有前瞻性，而是将美国汽车社会的未来和“过去肮脏的车辆”再次捆绑在一起；与此同时，政策的频繁变化还会打乱汽车制造商的固有生产计划和节奏，造成行业价值观混乱。

2. 欧洲：“国有化”救市提上日程

欧洲汽车工业协会数据显示，2020 年上半年，欧盟、英国和欧洲自由贸易协会（EFTA）成员国市场的汽车累计注册量为 644.24 万辆，同比下降 33.8%。欧洲汽车工业协会认为，尽管下半年欧洲车市将呈现企稳的势头，但欧盟地区的全年汽车注册量仍将减少 300 多万辆，至 960 万辆；这也将成为 2013 年以来欧洲地区新车销量最低的一年。

具体来看，欧洲前五大乘用车市场的表现均不容乐观：德国乘用车销量为 121 万辆，同比下跌 34.5%；法国为 71.6 万辆，同比下滑 38.6%；英国为 65.3 万辆，同比下滑 48.5%；意大利为 58.4 万辆，同比下滑 46.1%；西班牙为 34 万辆，同比下滑 50.9%。

实际上，在疫情尚未在欧洲地区大范围蔓延时，欧洲车市已经呈现出疲软的态势。2020 年 1 月和 2 月，欧洲市场汽车销量分别同比下降 7.6% 和 6.9%；从 3 月开始，随着欧洲各国政府陆续采取隔离和强制关闭线下门店的措施，汽车经销商损失惨重。数据显示，2020 年 3 月和 4 月，欧洲地区的新车注册量分别同比下降了 53% 和 80%。

与车市下行相伴随的，是欧洲品牌汽车制造商堪忧的财务状况和产销压力。戴姆勒、大众等巨头在财务营收和销量方面均遭遇了重创，下滑幅度都超过了两位数。

企业财报数据显示：2020 年上半年，大众汽车的全球累计销量为 389.31 万辆，同比下降 27.4%；销售收入为 961 亿欧元，同比下降 23.2%。PSA 集团 2020 年上半年实现营业收入 251.2 亿欧元，与 2019 年同期相比下滑 34.5%；其中汽车业务的营业收入为 195.95 亿欧元，与 2019 年同期相比下滑 35.5%。上半年戴姆勒集团共销售汽车 118.6 万辆，同比减少 26%；实现经营收入 674 亿欧元，同比减少 18%。宝马虽然在 2020 年上半年实现盈利，但是全球销量同比却暴跌 23%，营收更是下降了 22.4%。

在法国，鉴于雷诺和 PSA 两大集团均在 2020 年 3 月中旬之前，陆续宣布关闭设在法国和海外的生产线，"拯救汽车业"成为法国政府的当务之急。为此，法国的财政部部长明确表示，不会"眼看着法国大公司和产业领头羊消失"，为此甚至不排除采取企业国有化的方式，以挽救受到新冠肺炎疫情严重打击的本国汽车巨头。

在德国，2020 年 3 月，联邦副总理兼财政部部长朔尔茨表示，为保障企业稳定经营，将通过 1 500 亿欧元的追加预算。此外，德国政界人士同样担心本国企业会被外资收购，因此德国政府表示，不排除在必要时，收购部分或全部的车企集团股份。

3. 日韩：全力保障供应链安全

在东亚地区，日本和韩国作为最具代表性的汽车生产制造所在地，同样面临难关。

日本汽车工业协会发布的数据显示：2020 年上半年日本汽车销量降至 220.78 万辆，同比下降 19.8%。其中，6 月当月汽车销量为 34.737 万辆，同比降幅扩大至 22.9%。分类型来看，上半年日本微型车累计销售 80.81 万辆，同比下降 20.6%；货车累计销售 37.59 万辆，同比下降 18.3%；客车累计销售 5 845 辆，同比下降 20.6%；普通乘用车销量 623 493辆，同比下降 25.4%。

一度跃升至世界车企销量榜首的丰田汽车，尽管销售总量已经优于大部分车企，但从 2020 年上半年财报数据来看，丰田汽车（包含大发工业和日野汽车在内）的整体销量为 416.4 万辆，同比下降幅度依然高达 21.6%。

从 2020 财年第一财季（4—6 月）的情况来看，日产、本田的产销和营收状况也十分堪忧。日产汽车 2020 财年第一财季在全球范围内共售出汽车 64.3 万辆，同比下滑高达 47.7%。其中，日本本土销量同比下滑 33.7%至 8.4 万辆。在美国市场销量下降 49.5%，降至 17.7 万辆。本田汽车第一财季营收 2.12 万亿日元，同比下降 46.9%；经营亏损 1 136.9 亿日元。

在韩国，韩国汽车产业协会统计数据显示，2020 年上半年韩国汽车产量为 162.7534 万辆，与上年同期相比减少 19.8%，创 2009 年上半年以来的最低值。不仅如此，韩国车企品牌的海外出口量也大幅减少，与上年同期相比降幅达 33.4%。

2020 年上半年，现代汽车销量同比减少 24.4%至 160.7347 万辆；总销售额减少 7.4%至 47.1784 万亿韩元，营业利润减少 29.5%至 1.4541 万亿韩元。

与其他国家和地区相比，日韩对于汽车供应链安全问题尤为关注。

为应对供应链危机，日本政府和汽车制造业人士成立了一个特别工作组——“新冠肺炎疫情应对措施汽车理事会”，专门应对新冠肺炎疫情对汽车行业的冲击。据悉，这一工作组成立的初衷是促进汽车制造商、零部件制造商和政府的共同协作，以确保对行业信息作出快速反应，并采取有效措施，为疫情对日本汽车的海外供应链影响做足准备。

甚至在2020年4月7日，日本政府还出台了《新型冠状病毒感染症紧急经济对策》，在“供应链改革”一节中提出，政府将投入2 200亿日元（约合人民币142亿元），补贴对外依存度高的制成品和零部件生产企业回归国内。

韩国同样意识到，在全球汽车需求萎缩和欧洲零部件供应短缺的双重压力下，本土汽车品牌的生存问题，严重依赖于全球供应链安全能够得到保障。

为此，韩国政府早于2020年7月公布了“材料、零部件和设备2.0战略”，大幅扩充相应供应链管理名录，并加大对尖端产业与国内制造业的扶持力度。根据该战略，韩国将供应链重点政策管理产品从现有的100个增加至338个，将通过多重措施保障它们的稳定供应。

（二）断臂自救：开源节流能否如愿

从全球各大汽车制造巨头的角度来看，在上游供应风险加大、生产节奏严重打乱，特别是需求端持续乏力的情况下，谨防财务流动性风险，是能否平稳渡过难关的关键。

实际上，近年来欧美车企已经开始在不同程度上“断臂自救”，疫情的到来不过是加速了这一进程。从根源来看，如今各大区域市场的新车增量空间正在封顶，传统车企的利润率有持续走低的势头，在盈利点发生转变的过程中，老牌车企扩张版图的阶段也由此告一段落。“规模为王”的汽车产业在“利润为王”的新指引下，开始了降本和增收的新征程。

然而突如其来的疫情，使得各大车企不得不重新审视“开源”和“节流”二者之间的关系。在企业能否继续生存下去的大命题之下，“活下去”的短期目标无疑战胜了长远考虑。对此，除了关厂停工、裁员降薪等常规的开源节流举措，各大企业的应对之举还包括：暂停短期无盈利可能的前瞻性研发，联合攻关抱团取暖，退出非核心市场，等等。

1. “断臂”节流、缩减开支

据外媒报道，受疫情影响，宝马集团在 2020 年 6 月公布了裁员 6 000 人的计划。这也是宝马集团自 2008 年金融危机以来首次如此大规模裁员。此外，宝马还提出了包括减少工时、无薪假、提前优退等一系列措施，旨在通过缩减人事支出的方式来降低企业运营成本。

戴姆勒也不例外。根据 2020 年 7 月公布的一则消息，戴姆勒预计将 2025 年前的裁员计划人数提升至 1.5 万人。戴姆勒 CEO 康林松在随后举行的一场董事会上证实，集团的确正在考虑加大节约支出的力度，其中就包括要减少 14 亿欧元的人事支出。

法国雷诺也在 2020 年 5 月宣布，计划裁员 1.5 万人，并将在未来三年内缩减行政支出约 20 亿欧元。在 1.5 万人的裁员计划中，法国雷诺本部预计将会有 4 000 余个岗位被裁撤。消息一出，立即有数千名工人聚集在法国北部的莫伯日雷诺工厂外，抗议公司的裁员计划。

实际上，欧美各国的裁员计划虽然“雄心勃勃”，但是能否顺利执行，还要看企业与工会的谈判进展。可以看出，“断臂节流”并非上策，但对处于多重压力之下的跨国传统车企而言，似乎已经别无选择。

2. 重新评估前瞻性技术

众所周知，在这个新技术、新商业模式井喷般涌现的时代，投资研发新领域相当于下注未来。无论是自动驾驶、氢燃料电池汽车、共享出行还是智能交通，想要稳扎稳打做好技术储备，都需要付出极大的时间、人力和财力成本。

然而，疫情打乱了原有研发节奏。最近一段时间以来，大型传统车企一系列削减成本的举措，目的就在于甩掉不必要的、短期内不能实现盈利的项目包袱，转而专心于最能够带来强劲回报的领域。

2020 年 6 月，宝马和戴姆勒宣布，双方将暂停合作研发自动驾驶技术的项目。而这一项目在 2019 年 7 月 4 日正式签署，执行周期尚不满一年。在两家车企发布的公告中提道：“考虑到建立共同技术平台带来的巨大开支以及当前的商业和市场情况，现在不是（继续合作）正确的时机。”

宝马和戴姆勒在自动驾驶项目上“分道扬镳”，除了受疫情的影响外，也在某种程度上说明：席卷全球汽车界的新技术、新路线、新模式，许多都面临着商业化落地难题，何时能够实现盈利更是充满未知。更何况，面对琳琅满目的新技术，如果不知重点、全面撒网，不仅在人力、物力、财力上都难以企及，还有可能造成战略混乱、得不偿失。

3. 实施战略收缩，聚焦核心市场

在全球市场范围内进行“战略收缩”，也是许多跨国车企的共识。2020年以来，日产、三菱、通用等车企纷纷宣布，退出短期内不赚钱的“非核心市场”。

例如，2020 年 2 月，通用汽车发布公告称，将在 2021 年之前，逐步停止在澳大利亚和新西兰的销售、设计和工程业务，并淘汰霍顿（Holden）品牌；此外，雪佛兰品牌将于 2020 年底前，从泰国国内市场撤出。

对此，通用汽车总裁马克・雷乌斯在声明中表示，品牌霍顿在澳大利亚销量直线下降，已经无法提供继续在当地投资生产右舵车的合理性。针对雪佛兰在泰国的“撤退”，通用汽车则表示，这是因为当地雪佛兰工厂的产能利用率低，预测产量并不乐观，使得生产难以为继；而如果不能实现在泰国国内生产制造，雪佛兰就失去了在泰国新车市场的竞争力。

此外，从一份外媒曝光的日产汽车“新三年战略规划”中可以看出，日产或将退出欧洲和其他地区，将重点放在中国、美国和日本三大市场。据悉，日产还可能将于 2020 年底前退出韩国市场。可以看出，即便不完全退出上述市场，但日产在全球市场的战略收缩已成定局。

4. 抱团取暖，合力突围

大型车企“抱团取暖”并非疫情影响下的产物。在新技术不断涌现、汽车行业参与者日益复杂、传统车企利润压力不断加码等现实因素的催动下，放弃单打独斗，转而借助协同效应降低成本、提高效益、抢占市场，无疑是传统车企转型路上的最优选择之一。

正因如此，最近几年来，跨国车企掀起了新一轮“结盟潮”。比如，2016年7月，宝马汽车牵头成立了自动驾驶联盟，主要参与者包括菲亚特克莱斯勒汽车、英特尔以及 Mobileye 等。该联盟成立的主要目的在于，多方主体可以共同分担研发成本。再比如，2018 年 6 月，现代汽车和奥迪品牌达成一项关于氢燃料电池电动汽车零部件和技术的专利交叉授权协议。

从目前的典型案例来看，车企选择结盟的具体原因和背景不尽相同。总体而言，结盟合作潮流的背后，是全球汽车行业正在进行的新一轮的资源配置。而在疫情冲击下，供需两端乏力的汽车业则进一步认识到了“互助共享才能求生”的重要性。其中，日产—雷诺—三菱就是一个最具代表性的案例。

2020 年 5 月底，日产—雷诺—三菱发布“领导者—跟随者”最新合作战略模式。三方将最大限度地利用共有资源，开拓各自的优势领域，并通过缩减固定费用、外部贷款以及精简人员等多项举措，维持各自的产销和财务状况稳定。

为了达成目标，这一战略合作模式将全球不同区域市场进行划分。其中，日产汽车将在日本、中国和北美市场发挥领导作用；雷诺集团则将重心转至欧洲、俄罗斯、北非和南美等市场；而三菱的重心将在东南亚和大洋洲等市场。

在技术研发层面，三家公司的合作未来将涵盖平台、动力总成和关键技术等多个方面。自动驾驶技术板块将由日产汽车主导；雷诺集团将主导基于安卓平台的车联网技术、电动化车身及电子电气架构的核心系统；三菱汽车则主要负责插电式混合动力汽车的产品技术研发。

(三) 聚焦中国:市场竞争即将白热化

作为全球最大的汽车产销市场，中国无论是在生产端还是消费端，对于跨国车企而言都是“必争之地”。

一方面，无论是传统汽车还是电动汽车制造业，中国几乎拥有世界上最完整的产业链。更为重要的一点是，中国汽车产业链供给还有着效率高、成本低、质量佳的优点，更不用说物流配套体系以及产业工人的素质和技术能力，在全球都广受赞誉。另一方面，目前中国的汽车千人保有量约140辆，相当于美国的1/5、日本和德国的1/3，这说明汽车市场刚需尚未封顶，未来还有较大的增长空间。

但同时，近两年来，中国汽车市场还呈现出新的特征，这些特征无疑对外资品牌下注中国的战略和方式产生巨大影响。

第一，中国车市结束了十余年高速增长态势，开始迈向平稳发展的新阶段。换言之，虽然市场需求总量很大，但由于此前汽车产销基数已经较高，按照美日德等汽车成熟市场的增长规律，在车市趋近饱和过程中车市增速会有所放缓，直至稳定在较低水平。这无疑使得中国未来的车市竞争更加激烈。

第二，中国汽车产业正在进入优胜劣汰的洗牌期。在转变发展方式、优化经济结构、转换增长动力的攻关期，中国汽车产业也在转型升级的道路上高歌猛进。从近两年来的在华车企“沉浮录”就可以看出，一方面是头部汽车集团凭借着清晰而强势的产品战略、品牌拉动能力和资本运作能力，巩固了自身地位；但是另一方面，一些规模小、产品单一且性能普通的车企正走在破产或被吞并的边缘。

第三，新能源汽车产业链及市场逐渐培育成熟。数据显示，2019年中国新能源汽车产销量超过120万辆，证明新能源汽车长期向好的发展态势没有改变。更重要的是，2019年，特斯拉来华独资建厂一事，在很大程度上证明，中国对于新能源汽车路线的支持态度，以及对于优质世界级汽车企业的开放态度。

在上述因素的综合作用下，跨国汽车企业在华的投资布局也呈现出“两极化”的特点。某些原本经营不善的车企，在疫情的冲击下将加速退出中国市场的步伐；而另一些车企则紧抓机遇，充分借力中国国内整车厂和零部件领军企业的力量，筹谋在中国市场进行更大的战略布局。

大众就是后一阵营的典型代表。2020 年 5 月，大众汽车在中国完成两笔战略投资。一是在 5 月 29 日，大众汽车宣布将投资 10 亿欧元，获得安徽江淮汽车集团股份有限公司母公司——安徽江淮汽车集团控股有限公司 50%的股份，同时增持电动汽车合资企业江淮大众股份至 75%，获得合资公司管理权，实现企业管理模式变革。二是投资约 11 亿欧元，获得国内电池生产企业国轩高科动力能源有限公司 26%的股份并成为其大股东，以此夯实大众在新能源电池技术领域的基础，从而进一步争夺中国电动汽车市场。

2020 年 7 月，同样是中国动力电池领军企业之一的孚能科技首次公开发行股票。在战略投资者名单中，戴姆勒大中华投资有限公司缴款金额为 9.045 亿元，将持有孚能科技大约 3%的股份。业界普遍认为，戴姆勒入股孚能科技的主要目的，是为其新能源汽车生产提供稳定的电池供应。

可见，未来一段时间，中国将成为全球汽车厂商的“焦点市场”，在新产品、新技术、新商业模式交替登场的情况下，谁主沉浮，值得期待。

第二章　直面危机:中国汽车业砥砺前行

2020 年上半年,突如其来的新冠肺炎疫情扰乱了中国大部分地区的经济社会运行秩序,对各行各业发展造成极大冲击。汽车产业作为国民经济的支柱产业更是首当其冲,生产、销售、进出口等多个方面均受到严重影响。

中国汽车工业协会发布的中国汽车产业景气指数显示:2020 年一季度,汽车产业景气指数 ACI 为 6,较 2019 年四季度下降 21 点。其中,2 月份的汽车产销量同比下降近 80%,降幅远超其他工业品类,整个行业近乎"停摆"。这对自 2018 年以来就进入寒冬的中国车市而言,可谓雪上加霜,整个行业也随之迎来了一场前所未有的"大考"。

尽管如此,中国汽车业仍然不惧艰难、砥砺前行。大部分企业主体不仅克服了重重困难,顺利复工复产,还以多种方式倾力驰援,为打赢疫情防控阻击战贡献了力量。在政策层面,一系列国家和地方政策及时出手救市,为稳定汽车市场、重振行业发展信心提供了坚实保障。

一、危机:中国汽车产业经历疫情大考

疫情发生以来,中国汽车行业运行受到巨大冲击。在生产端,疫情防控措施导致大批零部件供应商和整车制造商经历生产"停摆"。数据显示,2020 年一季度我国汽车产量完成 347.4 万辆,同比下降 45.2%。在销售

端，经销商体系承受巨大压力，2020 年一季度，全国汽车销量完成 367.2 万辆，同比下降 42.4%。

尽管困难重重，2020 年也见证了中国汽车全行业的团结与奋进。在疫情防控的紧要关头，全国汽车行业"各显神通"，纷纷倾力驰援，为打赢疫情防控阻击战贡献了重要力量。

（一）生产受阻，"断链"风险陡增

受疫情防控影响，春节假期延长，车企停工、限产，再加上物流运输不畅，导致汽车制造企业短期内在生产方面受到较大阻碍，汽车产能出现大幅下滑。

尤其是全国疫情"重灾区"湖北省整车厂和零部件供应商的减产或停产，对全国的汽车生产带来了较大影响。湖北的汽车产业链，对中国汽车工业至关重要。湖北聚集了东风乘用车、东风本田、神龙汽车、东风雷诺、上汽通用等多家整车企业，2019 年汽车生产量达 224 万辆，占全国汽车生产总量的 8.8%，是全国四大汽车生产基地之一。

同时，湖北也是全国重要的汽车零部件制造基地。据中国汽车工业协会统计，截至 2019 年底，国内汽车零部件开发区共 103 个，其中湖北占据 13 个，数量高居全国第二；从企业数量上看，湖北规模以上汽车零部件企业有1 300多家，包括博世、德尔福、法雷奥、李尔、霍尼韦尔等大批跨国汽车零部件企业工厂，产品覆盖了发动机、变速箱、底盘、车身、电子系统等各个领域。

在牵一发而动全身的汽车产业链中，部分乃至个别供应商的"停摆"，就会引发整个汽车供应链的"断链"危机。由于湖北地区的零部件企业复工复产落后于全国，整车厂即便已经复工，也不能进入正常生产状态。这直接影响众多主流车企，导致其部分工厂或车型不得不关闭和暂停生产，对产业供应链的稳定性造成威胁。

2020 年 2 月中下旬，有 60 余家零部件供应商位于湖北的一汽集团，

就因零部件供应不足，使得旗下一汽解放、一汽轿车、一汽-大众等多家公司被迫停产；广汽集团在国内的400多家供应商中，有156家零部件企业位于湖北；上汽通用、济柴、玉柴等企业的发动机工厂在湖北省有分支基地；比亚迪、南京金龙、天津力神、远大瑞华等企业的动力电池及核心零部件生产基地也在湖北。

此外，中国作为全球重要的零部件供应基地，湖北零部件企业生产状况的调整，也波及了日、韩、德、美、法等的汽车企业。例如，受中国供应商停产影响，韩国的现代汽车暂停了 Palisade 车型的生产，双龙汽车则同步关停了其位于韩国平泽市的工厂；由于湖北零部件制动软管、空调控制器等供应不足，日产汽车在马来西亚、美国、墨西哥、英国、西班牙、俄罗斯和印度工厂也出现预警。

综合看来，疫情对中国汽车产能造成的冲击，突出体现在2020年第一季度。中国汽车工业协会数据显示，2020年第一季度我国汽车产量完成347.4万辆，同比下降45.2%。其中，2月份的汽车产量下滑幅度最大，只有28.5万辆，环比下降83.9%，同比下降79.8%；3月份，随着疫情在国内得到有效控制，企业生产经营逐渐恢复，汽车生产降幅逐步收窄。

2020年第一季度汽车生产情况 单位：万辆

	3月	1—3月累计	环比增长	同比增长	同比累计增长
汽车	142.2	347.4	399.2%	−44.5%	−45.5%
乘用车	104.9	268.4	436.5%	−49.9%	−48.7%
轿车	49.3	123.3	434.9%	−50.3%	−50.4%
MPV	3.5	11.4	290.9%	−77.3%	−70.4%
SUV	49.8	128.8	435.5%	−44.8%	−43.1%
交叉型乘用车	2.2	4.9	1627.5%	−48.6%	−51.1%
商用车	37.3	79.0	317.6%	−20.3%	−28.7%

（续表）

	3月	1—3月累计	环比增长	同比增长	同比累计增长
客车	3.2	6.9	257.3%	−20.9%	−22.9%
客车非完整车辆	0.1	0.3	246.7%	−43.3%	−40.5%
货车	34.1	72.1	324.3%	−20.3%	−29.3%
半挂牵引车	6.7	14.0	212.7%	10.6%	7.7%
货车非完整车辆	5.4	11.2	265.4%	−22.5%	−34.8%

数据来源：中国汽车工业协会

从主要类别市场来看，乘用车产量降幅尤为明显，2月的产量仅为19.5万辆，环比下降86.4%，同比下降82.9%，高于汽车产量总体降幅；1—3月，乘用车产量完成268.4万辆，同比下降48.7%。商用车方面，2月份产量为8.9万辆，环比下降73%，同比下降66.9%；1—3月，产量完成79万辆，同比下降28.7%，降幅小于乘用车。

从细分领域来看，乘用车领域的轿车、MPV、SUV和交叉型乘用车1—3月产量均大幅同比下滑，分别下降50.4%、70.4%、43.1%和51.1%，其中1—2月产量降幅均超过80%。

商用车领域，1—3月除了半挂牵引车产量同比增长外，其余类别都同比下滑，其中客车产量完成6.9万辆，同比下降22.9%，货车产量完成72.1万辆，同比下降29.3%；其中，1—2月客车产量完成3.7万辆，同比下降23.6%，货车产量完成37.9万辆，同比下降35.8%。

新能源汽车领域，3月份，纯电动汽车和插电式混合动力汽车产销环比均呈大幅增长，同比依然呈较快下降。总体看，1—3月，新能源汽车乘用车累计产量为9.4万辆，同比下降60.2%，其中纯电动车产量为6.7万辆，同比下降61.3%，插电式混合动力车产量为2.7万辆，同比下降51.3%；新能源汽车商用车累计产量为1.1万辆，同比下降44.1%。

值得注意的是，3月份以来，我国疫情得到了有效控制，湖北省的零部件配套企业和整车厂已开始有序复工复产。然而，整车制造所需的不少零部件、材料、装备等仍需从国外进口，而同一时期，在全球疫情持续蔓延背景下，海外整车厂和零部件工厂掀起的“停产潮”，让全球汽车产业供应链的“断链”风险陡增，对正在恢复生产的中国汽车企业造成了新一轮冲击。

（二）销售承压，价格竞争加剧

疫情之下，我国汽车产业除了在生产端充满挑战，由于各大车企和经销商的销售体系均受到严重冲击，销售端也承受着巨大压力。

总体来看，疫情对全国各地的汽车销售都产生了较大影响，相关企业营业额急剧下降，销量出现大幅滑坡。尤其是在国内疫情暴发初期的第一季度，汽车销售承压最大。据中国汽车工业协会统计，2020 年一季度，我国汽车销量完成 367.2 万辆，同比下降 42.4%；其中，2 月份国内汽车销量只完成 31 万辆，环比下降高达 83.9%，同比下降达 79.1%。

具体来看，主要类别市场均出现大幅下滑。其中，乘用车和商用车 1—2 月累计销量分别同比下滑 43.6%和 33.2%。中国品牌乘用车 2 月销量下滑 77.6%，降幅低于整体乘用车；但 1—2 月总销量下降 47%，降幅大于整体乘用车。新能源汽车 2 月销量下降 75.2%，1—2 月下降 59.5%。

从细分领域来看，乘用车领域的轿车、MPV、SUV 和交叉型乘用车 1—2 月销量均大幅同比下滑，其中 MPV 销量同比降幅最大，为 58.6%；其次为交叉型乘用车，其销量同比下降 49.7%；轿车销量同比下降 47%；SUV 销量同比下降 37.3%。商用车领域，1—2 月除了半挂牵引车销售同比增长外，其余类别都同比下滑。

具体分析可以发现，疫情对中国汽车销售市场的影响主要包括以下几个方面：

一是在严格的疫情防控举措下，消费者购车行为受限。汽车属于大件耐用消费品，一般都需要消费者在实体店亲身体验、与销售人员面对面沟通交流、接受交接车辆服务和装饰改装服务等。然而，为遏制疫情蔓延，我国政府采取了最全面、最严格、最彻底的防控举措，消费者的自我防护意识也不断增强，大部分消费者都减少了各类外出活动，坚持居家隔离，这极大地抑制了消费者的购车需求，导致乘用车销售大幅减少。

同时，疫情期间，汽车销售企业不得不将销售工作从线下转为线上，但是汽车本身价值高，属于奢侈品或改善型消费品，消费者很难放心直接在网上支付和订购，而且在线上也无法满足试驾体验等需求，这也给汽车销售带来较大困难。

二是居民消费能力有所下降。疫情暴发以来，我国经济发展各领域都受到较大冲击。其中，对零售餐饮、住宿旅游、交通运输、文化娱乐、制造等重点行业的冲击尤为严重，这些行业的营收均出现大幅下滑，有部分中小微企业被迫关停。根据天眼查的数据，2020 年第一季度，中国有 46 万家公司倒闭。

这无论是对这些行业的高层管理者还是一线员工的实际收入和收入预期，都会产生较大影响，而消费能力也会随之下降。实际上，一季度全国居民收入实际下降近 4%。国家统计局数据显示，2020 年第一季度，全国居民人均可支配收入为 8 561 元，扣除价格因素后，实际下降 3.9%。其中，城镇居民人均可支配收入 11 691 元，实际下降 3.9%；农村居民人均可支配收入 4 641 元，实际下降 4.7%。

消费支出方面，根据国家统计局数据，2020 年第一季度，全国居民人均消费支出 5 082 元，比上年同期名义下降 8.2%，扣除价格因素，实际下降 12.5%。就具体消费项目而言，与汽车消费相关的人均交通通信消费支出下降了 17.0%，降幅排在第三位。

根据首都经济贸易大学统计学院和中央财经大学统计与数学学院联合编制的《第一季度中国内地消费者信心指数报告》，2020 年第一季度内地消费者信心总指数为 101.8，同比、环比均有所下降；其中，同比下降 2.3，环比下降 1.3。

三是疫情进一步加大了国内汽车销售市场的下行压力。2018 年以来，在车市进入“寒冬期”后，全国汽车市场持续下滑。

究其原因，近年来，进入新常态的中国经济迎来了转型升级的关键时期，但大量中小企业的发展受到了去产能、去库存、金融去杠杆、中美经贸摩擦等多重冲击，直接影响了企业从业人员的收入状况。再加上疫情冲击，中小微企业及从业人员收入情况更为恶化。

国家信息中心数据显示，70％的购车人群与中小企业相关，众多中小企业在疫情影响下被迫降薪、裁员，直接导致购车人群收入减少，进而影响小排量等中低端乘用车消费能力。同时，四、五线城市的中低收入人群和广大农村购车群体的消费能力也有所波动，导致首购车群体减少，全国汽车销售下滑。

在此背景下，多家国际权威机构下调 2020 年各国汽车销量预期，麦肯锡预计，受疫情影响 2020 年全球汽车销量将下滑 29％，中国市场销量下降 15％，美国和欧洲的销量将减少 18％～36％。

（三）进出口双降，“走出去”进程放缓

尽管国内疫情很快得到控制，但在全球一体化大环境下，疫情在海外的持续蔓延，还是给中国汽车进出口业务的发展蒙上了一层阴霾。

汽车进口方面，受全球疫情扩散的影响，奔驰、宝马、大众、丰田等跨国车企在欧美等国家的工厂相继“停摆”。海外工厂进口车型的供给难以保障，汽车进口量降幅持续扩大。

中国汽车流通协会数据显示，2020 年上半年，全国累计进口汽车（含底盘）36.1 万辆，同比累计降幅为 32.5％；进口乘用车销售 43.1 万辆，累计同比下滑 23.5％。其中，3 月份开始，全球疫情对我国汽车进口的影响逐步加剧，3 月单月进口汽车 6.0 万辆，同比下跌 23.5％；4 月，单月汽车进口仅为 3.9 万辆，同比下降 62.5％，降幅大幅增加。

分车型来看，2020 年 1—6 月，我国进口乘用车销售车型仍以轿车和 SUV 为主，占比为 95.9％，进口乘用车同比累计下降 23.5％，轿车、SUV

和 MPV 降幅分别为 23.3%、23.3%和 19.8%。

除整车之外，受疫情影响，我国汽车零配件进口金额也出现下降。根据海关总署的统计数据，2020 年 1—6 月，中国汽车零配件进口金额为 138.2 亿美元，同比下降 12.1%。

汽车出口方面，虽然 2017 年以来，我国汽车整车出口量整体处于小幅下降趋势，但中国汽车出口市场整体表现相对较强，2018 年和 2019 年中国汽车出口都出现 6%的正增长。2020 年以来，在疫情冲击下，随着美、意、德等国的汽车经销商门店大量关闭，中国品牌汽车的出口量出现下滑，给正在加快海外扩张的中国车企带来了巨大的压力和挑战。

令人惊喜的是，我国汽车出口表现相对稳定。尤其是 2020 年 2 月，在国内车市遭遇本世纪以来罕见的巨大跌幅之际，很多车企都将增长的希望寄托在了海外市场。事实上，2 月份，我国部分车企也确实实现了海外市场的销量增长。比如，上汽集团 2 月份实现整车出口及海外零售销量 2.1 万台，同比增长 32%；奇瑞汽车 2 月出口及海外市场零售销量为 8 419 台，同比增长 39.9%。

然而，到了 3 月份，墨西哥、俄罗斯、巴西和美国等国家的疫情逐步加剧，而这些国家都是中国车企 2019 年的重点出口地区，导致我国汽车出口降幅扩大。根据海关总署数据，2020 年 3 月，我国汽车（包括底盘）出口8 万辆，金额为 64.9 亿元，同比分别下降 25.2%和 31.7%；1—3 月累计出口汽车 23 万辆，金额为 206.1 亿元，比去年同比分别下降 9.9%和 12.6%。

综观 2020 年第一季度，我国汽车出口走势依然较强。根据海关总署公布数据，1—3 月，累计出口汽车（包括底盘）23 万辆，金额为 206.1 亿元，降幅分别为 9.9%和 12.6%。

从具体出口国家和地区来看，2020 年第一季度，我国汽车商品出口金额排名前 10 位的目的地国家依次为：美国、日本、墨西哥、韩国、德国、俄罗斯联邦、英国、沙特阿拉伯、巴西和印度。与上年同期相比，沙特阿拉伯和印度出口金额呈较快增长，其他国家则呈不同程度下降，其中美国和日本降幅最为明显。2020年第一季度，上述10个国家汽车商品累计出口金额为88.12亿美元，占全部汽车商品出口总额的48.64%。

综合看来，在疫情影响下，2020年我国车市出口开局较强，2—3月低迷，4月出口仍较强，但5月走势异常低迷，这与中外疫情的暴发和扩散“时间差”密不可分。根据海关总署的数据，2020年1—6月，我国汽车整车共出口44万辆，同比下降23.6%；出口金额67.4亿美元，同比下降11.9%。其中，占整车出口约7成的乘用车，1—6月累计出口32.43万辆，同比下降19.8%。

值得注意的是，与整车出口相比，汽车零配件出口在我国汽车出口中占据的份额更大，疫情之下，国内零部件供应商出口受到的影响也更大。其中，2月份，由于国内零部件企业无法复工复产，物流运输也难以保障，导致汽车零配件出口困难，出口金额有所下降。根据海关总署的统计数据，2020年1—2月，我国汽车零配件出口金额为76 28亿美元，同比下降13.3%。

到了3月份，海外疫情持续发酵，全球各大汽车厂商相继宣布关停其多数工厂。国内部分拥有外贸业务的汽车零配件供应商的外贸订单随之骤减，一些高度依赖出口的零配件厂商，生产被迫再次“刹车”。

规模化汽车零部件供应商或可维持生存，但很多中小型汽车零部件厂商都不得不关门歇业，导致2020年上半年我国汽车零配件出口总体呈下降趋势。据海关总署统计，1—6月，我国汽车零配件出口金额238.9亿美元，同比下降19%。

疫情之下，中国车企走出去的决心和信心都不同以往，“走出去”步伐可能会在短期内有所放缓。不过，一旦疫情结束，中国自主品牌的全球化布局就会重启。而届时，为了加快复苏，海外品牌厂商很可能会采取低价销售等更为激烈的竞争手段，这会进一步加大我国自主品牌车的海外市场拓展压力。

(四) 车企驰援抗疫，有序复工复产

国内疫情发生以来，社会各界积极施以援手，齐心协力，共克时艰。汽车行业也不例外。在疫情防控的紧要关头，全国汽车行业企业“各显神通”，纷纷倾力驰援抗疫，有捐款的、有捐物的、有设立疫情防控专项基金的，甚至还有直接“转行”生产防护用品的，无论是整车企业、零部件企业、汽车经销商还是物流企业、材料企业，无论是央企、国企还是民企，无论是自主品牌还是合资品牌，都为打赢疫情防控阻击战贡献了重要力量。

一是积极捐赠物资。疫情防控初期，车企最先采取的支援方式就是捐赠物资。其中，首家捐款的是总部位于疫情“重灾区”湖北的东风汽车。1月 23 日，东风汽车展现了央企的格局和担当，率先向武汉市慈善总会捐款 1 000 万元。

随后，中国一汽、中国中车、上汽集团、北汽集团、吉利控股、现代汽车等各大车企相继加入驰援抗疫大军。比如，1 月 26 日，广汽传祺决定将通过广州市慈善会向武汉市慈善总会捐赠价值 100 万元的全新一代传祺 GA6 轿车；2 月 1 日，中国一汽携一汽-大众追加捐赠资金至 8 100 万元；截至 2 月 2 日，北汽集团及成员单位、关联单位已累计捐款捐物 4 300 万元。

据统计，截至 2020 年 2 月 20 日 8 时，已有 65 家汽车整车、零部件、后市场服务企业(集团)、汽车协会组织及个人加入驰援疫情防控工作，累计捐赠现金、物资及车辆价值超 10 亿元，其中负压救护车 200 余辆，生产并捐赠口罩 150 万只。

二是紧急海外“扫货”。为尽快填补疫情防控初期国内医疗物资的较大缺口，上汽集团、吉利、比亚迪、奇瑞等车企还充分发挥其全球布局的产业链、物流链优势，从海外紧急采购国内紧缺的医疗物资运回国内，送交抗疫前线。其中，上汽集团从澳大利亚采购了 6 万只口罩、4 万套防护服；吉利控股集团在海外采购了 25 万只口罩；奇瑞从以色列、中亚地区采购的 N95、医用一次性口罩共 11 万只；日产及日产在华合资公司共采购口罩 10

万只；比亚迪从海外采购100万元的口罩；现代汽车从韩国采购500万元的医疗物资。

三是设立专项基金。在此次疫情防控中，一些车企还通过设立疫情防控专项资金的方式助力抗疫。例如，1月28日，吉利控股集团携手李书福公益基金会设立2亿元新型冠状病毒肺炎防控专项基金，用于支援湖北、广东、浙江、河南等疫情严重地区的疫情防控工作；1月31日，沃尔沃汽车（亚太）投资控股有限公司宣布，将通过上海市医药卫生发展基金会成立抗击新型冠状病毒专项资金，首批100万元捐助定向支持上海市公共卫生临床中心的新型冠状病毒肺炎发病机理、临床救治研究、疫苗研发以及关联药物的研制。

四是保障"逆行者"出行。为保障疫情期间交通运输的顺畅与安全，车企积极为"逆行者"提供出行服务。例如，东风出行率先组建起300名司机应急出行队伍，随时接受应急调度；为保障武汉居民的正常生活需求，吉利控股集团旗下的曹操出行成立了上百人的"应急防控保障车队"，交给相关部门和社区居委会统一调度；T3出行成立武汉特别行动车队，为市民提供免费出行服务；东风悦达起亚要求各专营店和供应商积极配合当地政府有关部门，无条件地为各项救援提供车辆及服务；小鹏汽车为广州定点救治医院提供无偿出行服务，方便一线防疫人员快速出行。

五是有序推动复工复产。为保障抗疫前线所需负压救护车、特种运输车的供应，众多车企克服重重困难，全面复工。截至2月3日，上汽集团率先高质量完成60辆负压救护车改造支援抗疫前线；华晨集团完成生产30辆；北汽福田完成生产25辆；福建奔驰完成生产20辆；奇瑞瑞虎完成生产20辆。

同时，为尽快缓解一"罩"难求的问题，上汽通用五菱、比亚迪、广汽集团、陕汽集团等车企，通过改造自身工厂，"转行"生产口罩或消毒水。例如，2月6日，上汽通用五菱表示，将建成12条口罩生产线并投入使用，日生产能量预计达170万只以上，以缓解广西区内医疗物资紧缺的状况；2

月 8 日，比亚迪宣布，将援产口罩和消毒液，口罩产能可达 500 万只/天，消毒液产能可达 5 万瓶/天。

此外，为确保汽车产业链体系的稳定，各车企在做好做足防控措施、保障员工健康安全的前提下，周密部署复工计划，积极有序推动复工复产。2 月 20 日，在东风日产、东风英菲尼迪等东风集团子公司复工之后，东风商用车部分复工，成为湖北率先复工的第一家汽车企业。

同时，一汽、长安、比亚迪、奇瑞等诸多车企也相继按下“复工键”。据中国汽车工业协会统计，截至 2020 年 3 月 11 日，23 家企业集团（年销量占比超过 96%）复工率达到 90.1%，员工返岗率 77%，复产率基本已达到 40%以上。

二、救市：供需两端发力坚定发展信心

疫情大考之下，中国汽车市场供给端和需求端双双受挫。为稳定汽车市场、重振行业发展信心，国家和地方政府政策先行，“重拳”出击救市，一系列支持汽车业发展的“硬核”政策和举措接踵而至。2020 年上半年，中国汽车市场迎来了 2009 年以来首次“密度最高、覆盖最广”的一波政策红利。

（一）央地共同发力，刺激汽车消费

受疫情影响，我国汽车产销量出现断崖式下跌，2 月份终端零售量同比下降 78%。为稳定和扩大汽车消费，助推车市复苏，中央和地方层面共同发力，一系列围绕刺激汽车消费的救市政策密集出炉。

打响全国“汽车救市第一枪”的是国内重要的汽车制造基地——广东省佛山市。1 月 29 日，佛山市印发了《促进汽车市场消费升级若干措施（试行）》的通知，提出将对在佛山注册登记的汽车销售企业购买“国六”标准排量汽车的消费者给予补助。具体补助内容包括（不重复补贴）：消费者购买新车，每辆给予 2 000 元补助；佛山号牌车主凭旧车售卖发票或汽车

报废注销证明购买新车，每辆给予 3 000 元补助；同一消费者一次性购买 5 台及以上的大、中、重型客运和载客汽车（车辆单价不少于 50 万元），每辆车给予 5 000 元补助。

随后，国家层面促进汽车消费的利好政策也相继出台。2 月 3 日习近平总书记在《在中央政治局常委会会议研究应对新型冠状病毒肺炎疫情工作时的讲话》中明确指出，要积极稳定汽车等传统大宗消费，鼓励汽车限购地区适当增加汽车号牌配额，带动汽车及相关产品消费。这为汽车行业的恢复发展注入了“强心剂”。

此后，国家发改委、工信部、商务部、财政部等多个部门先后出手，通过支持放宽限购、鼓励汽车报废更新、新能源车补贴延期等多项具体举措，推动汽车行业尽快走出市场低迷期。

地方层面，继佛山之后，广东、北京、深圳、广州、湖南、四川、山西、上海、天津、重庆、杭州等 20 多个省市，也陆续出台了各具特色的促进汽车消费政策。

分析国家和地方层面扶持政策和举措可以发现，其内容主要着眼于以下几个方面：

一是放宽汽车限购，增加号牌配额。国家层面，无论是工信部发布的《关于有序推动工业通信业企业复工复产的指导意见》，还是国家发改委、财政部等 23 部门发布的《关于促进消费扩容提质加快形成强大国内市场的实施意见》，都鼓励汽车限购地区适当增加汽车号牌限额。

地方层面，天津、广州、深圳、北京等多个城市积极响应。例如，贵阳直接取消了所有车型的限购措施；杭州在 2020 年一次性增加 2 万个小客车指标；上海新增 4 万个非营业性小客车牌照额度投放；深圳面向个人配置 1 万个混合动力小汽车指标；天津 2020 年内新增小客车个人指标配置额度 3.5 万个，全部以摇号方式配置；6 月 1 日，北京小客车调控政策公开征求意见，拟于 2020 年下半年一次性增发 2 万个新能源小客车指标，全部向符合条件的无车家庭配置。

二是"真金白银"补贴新车购置。新车购置补贴中，新能源汽车是重中之重。3 月 31 日召开的国务院常务会议提出，将新能源汽车购置补贴和免征购置税政策延长 2 年。随后，国家发改委、科技部等 11 部门在 4 月 28 日发布的《关于稳定和扩大汽车消费若干措施的通知》中再次明确，新能源汽车购置补贴政策延续至 2022 年底，并平缓补贴退坡力度和节奏，加快补贴资金清算速度。

地方层面，除了佛山之外，山西、四川、广州、深圳、珠海、宁波、长沙、南昌等地也明确提出，对购买新车的消费者给予补贴。嘉兴等城市则推出了汽车优惠券。

例如，广州提出，从 2020 年 3 月至 12 月底，个人消费者购买新能源汽车给予每辆 1 万元的综合补贴；山西规定，从 2020 年 4 月 1 日至 12 月 31 日(以机动车登记时间为准)，购买轿车、越野车、MPV 等乘用车，每辆奖励 6 000 元；四川提出，从 2020 年 4 月 10 日至 2020 年 8 月 10 日，农村居民购买 1.6 升以下乘用车(包括新能源汽车)，汽车制造商将在最优惠价格的基础上每辆再优惠 1 000 元以上。

三是鼓励以旧换新，挖掘消费潜力。3 月 31 日召开的国务院常务会议提出，中央财政采取以奖代补，支持京津冀等重点地区淘汰"国三"及以下排放标准柴油货车。同时，各地方也陆续出台了最新报废标准及以旧换新补助政策，时间都限于 2020 年，汽车市场有望出现一轮"更新潮"。

例如，上海市针对注册登记的"国三"及以下排放标准的汽车，启动汽车以旧换新活动，鼓励老旧汽车使用者更换购买国六排放标准的环保新车和新能源汽车，对老旧汽车置换环保高标燃油车按 1 万元/辆补贴，置换新能源汽车按 1.5 万元/辆补贴；重庆市鼓励车主通过以旧换新的方式购车，符合条件的车主售卖转移或报废注销旧车并获得新车，可获得市级财政资金补助，每辆车的补助标准为 2 000 元；广州市相关政策提出，2020 年 3 月 4 日至 2020 年 12 月 31 日，对置换或报废二手车的消费者，以及购买"国六"标准新车，每辆给予 3 000 元补助。

四是下调二手车销售增值税征收率。为繁荣二手车市场，促进汽车消费回补，2020 年 4 月 9 日，财政部税务总局发布了《关于二手车经销有关增值税政策的公告》，从 2020 年 5 月 1 日到 2023 年底，对二手车经销企业销售旧车减按销售额的 0.5%增收增值税。按照这一规定，二手车经销企业税收降幅会达到 75%。

当前，我国汽车市场已从“增量市场”过渡到“存量市场”，置换需求成为拉动汽车消费重要力量。中国汽车流通协会数据显示，2019 年我国新车销售 2 576 万辆，二手车交易 1 492 万辆。二手车的销量仅为新车销量的 57%。而美国、德国、日本这一比例分别高达 3 倍、2 倍、1.4 倍。可见，促进二手车市场繁荣，对我国盘活汽车市场、促进汽车消费回补具有重要意义。

五是解禁皮卡进城。近年来，业界对解禁皮卡进城的呼声越来越高，相关政策也不断“松绑”。疫情压力下，为推动皮卡这一小众细分市场的发展，2020 年 3 月和 4 月，商务部在《关于支持商贸流通企业复工营业的通知》和《关于统筹推进商务系统消费促进重点工作的指导意见》中，再次提出要取消皮卡进城限制。

随后，部分地区陆续响应国家号召，国内掀起了一轮“皮卡解禁潮”。例如，江西省在《关于促进汽车消费若干措施》中提出，全面取消皮卡车进城限制，并将皮卡车纳入政府采购协议供货目录；湖北省在《应对疫情影响进一步促进商业消费若干措施的通知》中指出，要取消皮卡进城限制；上海出台皮卡“新政”：轻型多用途货车（皮卡）注册登记条件进一步放宽，不仅可沿用原小货车额度申请注册，也可参照“沪 C”小客车的管理模式进行登记上牌。

（二）缓解车企压力，助力复工复产

疫情发生以来，停工停产、汽车销售“大跳水”、供应链断裂等问题，给车企的生产运营带来了空前压力。为此，国家和地方政府先后出台了一系

列扶持政策，以缓解车企压力，有序推动汽车产业复工复产。

一是加大金融扶持力度。疫情之下，购买原材料，支付工资、水电、税收等费用，让很多企业尤其是此前就存在业绩下滑问题的车企，陷入了资金短缺困境，难以按期偿还贷款。为帮助这些企业渡过难关，国家部委和地方政府纷纷出手，强化金融支持，为车企"输血"。

2 月 1 日，人民银行、财政部等五部委联合出台的《关于进一步强化金融支持防控新型冠状病毒感染肺炎疫情的通知》明确指出，对受疫情影响较大的批发零售、物流运输等行业，以及有发展前景但受疫情影响暂遇困难的企业，特别是小微企业，不得盲目抽贷、断贷、压贷；对受疫情影响严重的企业到期还款困难的，可予以展期或续贷，等等。

2020 年的《政府工作报告》也提出，大幅增加制造业中长期贷款，中小微企业贷款延期还本付息政策再延长至明年 3 月底，对普惠型小微企业贷款应延尽延，对其他困难企业贷款协商延期，等等。7 月 30 日召开的中共中央政治局会议再次指出，要确保新增融资重点流向制造业、中小微企业。这不仅有利于解决包括车企在内的制造企业的"燃眉之急"，也有助于其加快转型升级步伐。

与此同时，各地方政府和金融单位也通过融资利息补贴、延期还本付息等政策，进一步加大了对制造业特别是中小企业的金融支持。例如，7 月份，浙江银保监局联合省发改委、省经信厅出台《关于印发金融支持制造业高质量发展行动方案的通知》，聚焦制造业技术改造贷款、产业紧密型并购贷款、小微企业贷款等重点领域，要求大中型银行将传统制造业优质技术改造项目作为贷款投放重点板块。

在政策驱动下，金融支持制造业的力度明显加大。中国人民银行最新数据显示，截至 2020 年 5 月末，制造业中长期贷款余额为 4.28 万亿元，同比增长 19.6%，增速创 2011 年 2 月份以来新高。同时，多家银行的制造业中长期贷款余额、增量也均创新高。据统计，截至 2020 年 6 月末，工行制造业中长期贷款余额超过了 5 500 亿元，比年初增加 952 亿元，增幅 21%；

光大银行制造业中长期贷款余额增长 23.63%，增速远高于上年同期。

二是延缓“国六”标准实施。受疫情影响，部分自主品牌乘用车企和一些卡车类企业的排放标准升级进程被打乱，部分车企仍积压了大量“国五”库存。中汽协数据显示，截至 3 月中旬，“国五”车辆库存约 26 万辆。由于消费动力不足，这些库存要在短期内消化完，难度非常大。

在此背景下，我国决定将“国六”排放标准全面实施的时间推迟半年，以缓解车企和经销商的压力。2020 年 5 月 15 日，生态环境部、工信部等四部门联合发布的《关于调整轻型汽车国六排放标准实施有关要求的公告》明确提出，对 2020 年 7 月 1 日前（以机动车合格证上传日期为准）生产、进口（以货物进口证明书签注运抵日期为准）的“国五”排放标准轻型汽车，增加 6 个月销售过渡期。此外，2020 年 7 月 1 日前生产、进口的“国五”排放标准轻型汽车，在 2021 年 1 月 1 日前，都允许在目前尚未实施“国六”排放标准的地区销售和注册登记。

值得注意的是，虽然这一举措为中小车企调整生产计划和经销商库存清理，争取了更多缓冲时间，但从长远来看，这只是暂时的调控举措，随着环保压力加大，无论是国内还是国外，不断提升汽车排放标准是大势所趋。

三是优化政务服务举措。针对疫情期间车企遇到的堵点、难点问题，国家和地方大力运用现代信息技术手段，不断优化政务服务模式，提高服务便利度，助力车企按下复工复产“加速键”，以此统筹好疫情防控和经济社会发展工作，把疫情影响降到最低。

2020 年 3 月 18 日，工信部推出了四项便企服务举措：一是对新申报产品，允许企业在自我承诺的基础上，使用研发验证测试结果替代第三方检测机构检测报告；二是对已许可产品参数的扩展变更，允许企业备案时暂不报送相关检测报告，可容缺受理、先办后补；三是缩短办理周期，视情增加公告发布批次；四是延长企业审查整改期限，在原有基础上延长 3 个月。

同时，为了有效推动产业链协同复工复产，工信部还紧急开发上线了

“疫情下汽车产业链供需信息对接平台”，涵盖汽车总成及零部件企业黄页信息、零部件需求和供给信息填报、供需信息匹配和公开发布、企业零部件供应情况调研四大核心内容。

为加快车企有序复工复产，地方政府也各显所长。例如，作为全国千亿级汽车产业城市之一的湖北襄阳市，在全省率先启动了“千名干部进千企”活动，对 1625 家规模以上工业企业实行专班入驻全覆盖，帮助企业解决用工保障、产品购销、政策兑现、资金短缺等问题。

又如，四川和重庆为促进成渝地区整车企业与零部件企业的对接和协同发展，进一步提升两地整车企业在成渝地区就近配套，两地经济信息部门统筹搭建了成渝地区双城经济圈汽车产业链供需信息对接平台。该平台上线不到一个月，已有近 20 家川渝地区汽车产业企业在这个平台上发布供需信息，进行了有效对接。

（三）搭乘新基建“东风”，驶入转型快车道

疫情当前，加快“新基建”成为我国对冲疫情影响、短期稳增长、激发数字经济潜力、优化经济结构的重要发力点。

2020 年 3 月 4 日，中共中央政治局常委会提出，要加快推进国家规划已明确的重大工程和基础设施建设，加快 5G 网络、数据中心等新型基础设施建设（下称“新基建”）进度。2020 年的《政府工作报告》再次明确，要加强新型基础设施建设（即“新基建”），发展新一代信息网络，拓展 5G 应用，建设充电桩，推广新能源汽车，激发新消费需求、助力产业升级。具体来看，“新基建”主要包括七大领域：5G 基建、特高压、城际高速铁路和城际轨道交通、新能源汽车充电桩、大数据中心、人工智能和工业互联网。

“新基建”风口下，我国汽车产业将迎来前所未有的发展机遇，驶入全面转型升级的快车道。

一是充电桩市场迎来黄金发展期。充电桩是与新能源汽车相配套的重要基础设施，但我国充电桩市场仍处于爬坡过坎的关键阶段，“充电难”

“充电慢”“燃油车占位”“难以实现互联互通”等问题一直长期存在。未来，随着国家和地方“新基建”政策的不断落地，我国充电桩市场将迎来黄金发展期。

在3月份将充电桩纳入“新基建”七大重点领域后，各部委持续加大对充电桩建设的支持力度。2020年4月，国家发改委宣布，计划全年投资约100亿元新增公共桩约20万个、私人桩超40万个和公共充电站4.8万座；6月，国家能源局印发《2020年能源工作指导意见》，提出要加强充电基础设施建设，提升新能源汽车的充电保障能力。

与此同时，上海、北京、深圳、成都、山东等地也纷纷出台了新的充电基础设施建设支持政策，加快本地充电桩发展。例如，3月底，上海市印发了《上海市促进电动汽车充(换)电设施互联互通有序发展暂行办法》，提出从2020年5月1日起，上海市将实施新的充电桩补贴政策，有效期至2021年12月31日；北京市城市管理委员会发布《2020年度北京市单位内部公用充电设施建设补助资金申报指南》及《2019—2020年度北京市电动汽车社会公用充电设施运营考核奖励实施细则》，要求充电设施企业将所属充电设施接入市级公用充电设施数据信息服务平台，实现充电设施状态信息互联互通。

在政策加持下，各路资本也加速在充电桩市场布局，在加快设施建设进程的同时，更加注重增强充电桩的智能化、网联化和数字化水平，为充电桩的数据互联互通奠定基础。数据显示，目前国家电网、南方电网、特来电、星星充电这四家国内充电桩领头企业自身的投资已接近60亿元。

此外，阿里巴巴、华为等科技企业也争相跨入充电桩市场。2020年3月，蚂蚁金服旗下全资子公司投资充电桩运营商“简单充”，成为“简单充”的第二大股东；4月，华为推出了HUAWEI HiCharger直流快充模块，以解决充电行业运营成本高、设备生命周期短的痛点。

未来，在政策和资本的催动下，我国充电桩行业将涌现出更多的新技术和商业解决方案，市场前景十分广阔。业内人士预计，根据车桩比1∶1

的建设目标，未来 10 年，中国新建充电桩将达到 6 300 万根，形成超 1 万亿元的充电桩基础设施建设市场。

更重要的是，充电桩作为支持新能源汽车发展的重要行业，将明显受益于本轮新基建的启动，补齐新能源汽车发展中的短板，加快汽车产业新旧动能转换步伐。

二是智能网联汽车发展提速。在“新基建”七大领域中，5G 基建、大数据中心、人工智能和工业互联网属于新一代信息基础设施，而车联网或智能网联汽车是新一代信息基础设施在汽车和交通领域方面的应用，其发展与 5G 技术、人工智能、大数据中心建设等密切相关。

近年来，上汽集团、长安汽车、北汽集团等各大车企加大了在智能网联汽车领域的战略布局，中国智能网联汽车行业发展不断加快。2019 年 9 月 16 日，上海颁发首批智能网联汽车示范应用牌照，牌照颁给了为上汽、宝马和滴滴。随后，9 月 22 日，全国首张自动驾驶商用牌照发出。

当前，在“新基建”政策驱动下，百度、阿里巴巴、华为等互联网和高新技术企业，也争相加入自动驾驶汽车的角逐。以百度为例，2020 年 4 月 9 日，百度正式发布“ACE 交通引擎”智能交通解决方案，到 4 月 21 日，这一方案已在北京、长沙、重庆、保定、沧州、合肥、银川等 10 余个城市落地中；5 月 8 日，百度智能汽车生态基地落户广州，该基地与自动驾驶运营基地项目将负责百度公司在自动驾驶、智能网联、智能交通领域的技术研发、产品测试、运营结算等功能，实现自动驾驶出租车、自动驾驶公交车、微循环小巴、清扫车等多场景应用示范。

未来，随着“新基建”的推进，5G 商用步伐将不断加快，而这会对智能网联汽车的发展起到巨大推动作用。目前，三大电信央企和铁塔公司均表示，将加速推进 5G 技术应用场景，如期完成 5G 网络建设任务。中国移动提出，2020 年建设 30 万个 5G 基站的目标不会变，2020 年将在全国地级以上城市建设 5G 网络；中国电信和中国联通也将在 2020 年上半年完成 47 个地市、10 万基站的共同建设任务，力争 2020 年三季度完成全国 25 万个基站的既定目标。

三是推动汽车市场格局重塑。近几年，我国的新能源汽车补贴政策逐步退坡，补贴投资重点转移到了5G、充电桩等建设方面，同时中国汽车市场的开放步伐逐步加大。这意味着，在当前的“新基建”风口下，更多民间资本会涌入汽车市场，这将倒逼新能源汽车、智能网联汽车相关企业进一步参与到市场化竞争大潮中，推动整个汽车产业的市场格局进一步重塑。

实际上，近年来先后已有蔚来、前途、小鹏、奇点、威马、理想、爱驰等一批造车新势力，跨界涌入传统汽车行业。这些汽车圈的新“玩家”，将人机互联、智能网联的概念实体化，并积极探索辅助驾驶甚至无人驾驶的大规模商用，为传统汽车行业带来了许多新技术、新理念与新的商业模式，推动智能制造、云平台、线上线下融合等成为汽车产业新的竞争和管理模式，这在很大程度上加速了传统汽车行业向智能网联化转型的步伐。

疫情之下，面对当前的“新基建”发展局势，蔚来、威马、小鹏三家实力较强的新势力企业加快了合作步伐。目前，威马旗下智慧出行品牌威马·即客行与小鹏汽车，均已和蔚来旗下NIO POWER达成共享充电桩的战略合作，旨在共同构建新能源互联网生态。再加上，上文提到的华为、百度、阿里巴巴等互联网和高科技企业，不断加大对智能网联汽车相关领域的布局，我国汽车市场的竞争格局将日趋激烈。

总之，“新基建”的发展会推动高级别自动驾驶更快商业化落地，让汽车更智能、基础设施更智慧、道路更“聪明”，从而大幅推动智慧出行的发展。同时，随着“新基建”按下快进键，汽车市场竞争者的数量不断增加，竞争的范围与内容也在不断拓展，这将为正处于变革之中的中国车市带来新的生机与活力，推动汽车行业迈入全面转型升级的快车道。

第三章　把脉未来:后疫情时代的汽车业

不可否认,疫情对于全球多个行业的影响都将是长期且深远的。对于汽车产业而言,后疫情时代的产业链格局、供需结构、各区域市场表现、新能源等新兴技术的发展进程等,都将发生不同程度的改变。

在全球汽车供应链方面,美日等发达国家出于政治和经济因素考虑,或将着手启动本国供应链改革;嵌入全球汽车产业链条的汽车厂商,则需要在规避风险和寻求利益最大化之间获得平衡。在此情况下,未来全球汽车产业链格局将出现一系列新特征。除此之外,在新能源技术的推进过程中,欧美的政策路线开始分化,中国新能源汽车市场的重要性愈加凸显,传统汽车业想要完成电动化转型,势必要经历阵痛和抉择。

对于中国汽车产业而言,如何面对持续变化的全球格局,如何在短期利益与长期竞争力之间做出评断,如何在深度参与国际竞争的同时完成转型升级,都将是未来一段时间的重要议题。

一、全球汽车产业链格局重构,趋势是什么

(一)供应链收缩,世界汽车工厂尚存否

受新冠肺炎疫情影响,全球产业格局遭遇强烈冲击。从 2020 年前两个季度来看,多个国家的制造业生产停滞、供应链断裂。有迹象显示,美日

等发达国家出于政治和经济因素考虑，已经开始着手启动本国供应链改革，推动部分企业回流。与此同时，不少跨国企业也已经明确表示，要重新审视和布局海外供应链，保障安全。在此情况下，未来全球汽车供应链也将呈现出新特征。

1. 美日等国启动供应链改革

2020 年 4 月 7 日，日本政府出台了《新型冠状病毒感染症紧急经济对策》，在“供应链改革”一节中提出，政府将投入 2 200 亿日元（约合人民币 142 亿元），补贴对外依存度高的制成品和零部件生产企业回归国内，以此实现生产基地的多元化，避免由于供应链过于依赖单一国家而引发断供、断链风险。

为此，日本政府计划为谋求供应链迁移的企业提供搬迁费用补助。其中，为中小企业承担总成本的三分之二，为大企业提供二分之一的补助。针对生产口罩、酒精消毒液、防护服、人工呼吸机、人工肺等关系到国民健康生活的企业，日本政府的补助力度更大，分别承担中小企业四分之三的迁移成本，大型企业三分之二的搬迁费用。

在美国，供应链改革也箭在弦上。2020 年 4 月 9 日，美国白宫经济顾问拉里·库德罗在接受媒体采访时建议，美国政府应大力支持在华美国企业回流，并为搬迁企业报销包括厂房及设备迁移、新办公地装修等全部成本。

中国是美、日两国的重要贸易伙伴，也是全球产业供应链网络的主要参与者和受益者。针对上述美、日最新动态，中国商务部发言人已明确表示，当前全球产业链供应链格局不是一朝一夕形成的，中国没有也不会出现大规模外资撤离情况。

不可否认，从纯经济利益衡量，除非放弃或大幅降低在华市场的巨额利益诉求，跨国企业短期内不会大幅撤出中国；但在疫情冲击、贸易保护主义回潮等多重影响下，各国对于政治安全的考量或将加强，不排除未来将牺牲一部分经济效益，逐步推动本国产业链回流。

而美、日等国的政策信号,还将引发其他国家和地区追随效仿。在此情况下,未来全球产业供应链及价值链格局或将出现以收缩为主的新特征。

2. 跨国车企的“生死抉择”

面对切实的利益诉求和供应风险,以及各国政府发出的政策信号,跨国车企如何抉择,与当前全球汽车产业的分工特点密不可分。

首先,作为国际制造业大分工的典型案例,大型跨国车企的产品市场遍布全球。想要实现生产效率的最优化,在销售市场本地或附近进行生产和组装是较为合理的方案,也是规避风险的选择。

其次,汽车作为市场自由竞争度较高的产品,从性价比最优的角度出发,必须降低供应链成本,以提高整车的价格竞争力。正因如此,跨国车企一般会选择在全球范围内寻找最佳的供应链生产地,并综合考虑当地的劳动力成本和素质、供应链水平、生产和营商环境等诸多因素。

正因如此,政府敦促企业“回流”虽然是明确的政策信号,但要不要调整、如何调整供应链布局,主要在于跨国车企本身的决策;更何况,“家大业大”的跨国车企也不会因为一次性的政府搬迁补助,而改变或放弃长远的利益考量。

从目前的企业反馈来看,也说明了这一点。在日本,截至 2020 年上半年,第一批申请获得政府补贴并转移生产线的企业不足 100 家,实际发生生产线变动的只有 20 余家,且多数是小企业。

不仅如此,部分日本车企甚至加大了在华投资力度:2020 年 3 月,丰田宣布,未来将与其中国合作伙伴一汽集团共同合作,在天津投资约 85 亿元人民币建造一座新的电动汽车制造工厂。

欧美企业也不例外。特斯拉承诺将扩大在上海的投资,并继续加快供应链国产化进度;戴姆勒在 2020 年 7 月与中国电池制造商孚能科技展开战略合作,并持有孚能科技约 3%的股份。

3. 区域化力量或将重塑供需链

业界普遍认为,外资在短期内大规模撤离中国虽是无稽之谈,但是疫情对于全球汽车供应链的影响不可谓不大。在新技术革命、疫情冲击、贸易保护主义回潮等多重影响下，全球供应链体系将呈现收缩趋势，中国作为“世界工厂”的角色定位或将发生调整。

具体而言，新冠肺炎疫情暴发将加速部分发达国家制造业回流；而随着中国产业转型升级步伐加快、劳动力成本提高，一部分处于价值链中下游的生产环节将继续向东南亚等周边地区转移。由此，中国作为全球制造业“大中心”的功能地位将有所分散和减弱。

但同时，“去大中心化”不等于“去中国化”，未来全球制造业不会再向任何单一国家和地区集中，而是会呈现出“多中心化”趋势。换言之，未来很难再出现第二个全球范围内的、超越中国制造业地位的“世界工厂”；与此同时，中国需要在本国产业升级和全球供应链格局的调整中，重新梳理自身禀赋优势。

实际上，此前受中美经贸摩擦影响，欧美在华企业已着手调整供应商体系；新技术革命加速发达国家推广应用工业机器人、人工智能等高新技术，缩短了中间品制造环节；而疫情的暴发，则进一步强化了供应链回归重组的趋势。

由此预判，未来一段时间，涉及复杂分工、纵深较长的全球供应链将逐步收缩；同时供应链的区域属性将更为明显。以中、美、德三国为中心的亚洲、北美和欧洲三大区域体系更加稳固，本区域内将形成更多产业闭环链条。

（二）直面变革，“查漏补链”正当时

为应对未来一段时间全球供应链可能出现的“去大中心化”“区域化”等调整趋势，中国汽车产业供应体系应该如何重新定位自身？怎样才能在未来全球供应链和价值链分工、积极发挥禀赋优势？对此，可考虑从以下三方面出发布局：

第一，充分利用复工窗口期，积极“查漏补链”全球汽车产业供应体系。

预测显示，欧美等发达国家和地区的疫情峰值或在2020年年中，而中国产业界早在3月就逐步复工复产，相当于赢得3～6个月的发展窗口期。在此期间，国内领军汽车企业和零部件厂商，可以结合自身产业优势，系统梳理全球范围内受冲击较大、短期内难以恢复的供应环节，特别是生产地较为集中的产品领域，积极布局空白环节、“查漏补链”抢占先机。

第二，构建汽车供应链安全清单，系统提高抗风险能力。

欧美等发达国家和地区多年前就针对本国供应链安全问题出台过一系列顶层战略文件。例如，美国在2012年颁布《全球供应链安全国家战略》，将保障供应链安全上升为国家战略，并成立了跨部门的全球供应链工作小组；英国等发达国家，也曾围绕电信等涉及国家安全的产业领域打造供应链多元化战略。

新冠肺炎疫情暴发，为各国审视供应链风险、探索多元化布局提供了契机。在汽车行业，进一步提升中国企业供应商体系透明度，在国内和海外分别打造稳定高效、有弹性、可持续的多元化生产基地，提升整体抗风险能力，成为重中之重。对此，可考虑构建完整的“中国汽车产业供应链安全清单”，对关键供应环节的“战略重要性”“市场占有率”“供应商依存度”等指标进行量化评估。

第三，努力迈向价值链中上游，对“卡脖子”环节采取跟随威慑战略。

虽然中国多数行业国际分工参与度很高，但在电子信息、电气设备、机械设备、汽车制造等产业领域，仍处于供应链中下游，对上游出口国依赖度较高，“卡脖子”环节较多。以汽车产业为例，仍有电子电器、传感器、高端滤材、高精度运放等一批核心部件短时间无法形成进口替代。

为防止跨国公司在“你无我有”情况下掌握绝对话语权和定价权，甚至借此机会展开技术和贸易封锁，针对这批对外依存度高、不可替代性强的高精尖“卡脖子”环节，应以“先解决有无问题、再考虑好坏问题”为基本原则，积极部署研发生产工作，紧跟全球前沿技术水平，不断拉近产品差距，以跟随作为威慑手段，逐步提高话语权。

(三)环球凉热,全球汽车业走向何方

近几年来,全球汽车业出现了“一凉一热”两种现象,给未来产业链发展方向与分工格局平添变数。

一方面,以美国、欧洲和中国为中心的三大汽车区域市场,都在不同程度上迈入了寒冬。跨国汽车企业减产、关厂、裁员成为常规操作,不少零部件供应商也迎来严峻考验,利润大幅缩水。另一方面,汽车行业的“四化”方向势不可挡,不少新秀涌出水面。其中最具代表性的包括:电动汽车的核心部件——动力电池供应商、自动驾驶系统的相关供应商、共享和智慧出行方案供应商等。

在上述两股力量的作用下,汽车产业价值链正在重构。无论是对中国还是其他传统汽车强国,无论是对企业新角色还是老玩家来说,都将面临巨大的机遇和挑战。

在电动化方面,相比传统燃油车,电动汽车的零部件会有所减少。美国爱迪生电气协会(The Edison Electric Institute)预测,美国电动汽车的市场份额将从2018年的2%,上升至2030年的20%。由此带来的一个影响是:美国汽车零部件的贸易总额将大幅减少。

不仅零部件供应商需要做好准备,整车制造商也对电动化和智能化时代的到来心怀忐忑。福特汽车内部曾测算,如果汽车产品全面转向电动化,品牌制造商的价值或将缩水10%～30%。

在智能化方面,随着新一轮全球科技革命与产业变革的兴起,特别是前沿互联网的崛起和蓬勃发展,汽车产业正在探索转型。上游供应商——包括电子产品、互联网技术方案、人工智能解决方案等——重要性愈加凸显。

由此,整车制造商与上游数字化、网络化供应商之间的关系发生重塑,传统汽车行业纵向分工的生态正在被打破,二者展开深度合作与水平分工的现象逐渐增多。

在共享化方面，下游出行服务提供商的出现，拓宽了汽车行业的定义。接下来，上游技术供应商、中游整车制造商、下游服务供应商如何在产业价值链上重新定位自身，不仅关乎企业发展与利益，更关乎全球汽车业走向何方。

在这种情况下，嵌入全球汽车产业链条的中资和外资企业，其实面临着许多共同的困惑和难题。在很多情况下，甚至需要打破国界限制，携起手来爬坡过坎。

正如此次疫情带给全球汽车产业链的启示一样：在未知与困难面前，我们更加需要彼此携手。

二、新旧技术转换时代，传统汽车业如何抉择

近年来，在全球汽车产业电动化转型的背后，离不开各国政府的“推手”作用。在欧洲，英国和法国政府均宣称，准备从 2040 年起全面禁止销售汽油车和柴油车；很多欧洲城市目前也已经颁布了柴油车禁令。中国的“双积分”政策、欧洲的排放新规等，都在不同程度上催动着各大车企向电动化方向转型。

拥抱电动化并非没有代价。关键零部件成本高、新能源技术研发费用多等一系列现实问题，给以营利为目标的整车厂带来层层困扰。然而以“大众排放门”为代表的一系列环保风暴事件已经说明：在新旧技术转换时代，传统汽车业必须完成一次“转身”，容不得丝毫傲慢与疏忽。

（一）走向分化：欧美新能源汽车路线“一进一退”

疫情的到来，让决心向着新能源方向发展的各国政府和跨国车企产生了不同的反应。一方面，以中国和欧洲地区为代表，政府和企业对于新能源汽车的支持和发展力度还在持续加强。另一方面，美国却在新能源汽车与传统燃油车路线之间左右摇摆，未来前景充满未知。

1. 中国和欧洲持续发力

当前,全球新能源汽车发展势头最为强劲的地区集中在中国和欧洲。中国作为新能源汽车产销大国之一,在引领全球汽车产业迈向电动化的过程中功不可没。

特别是从 2018 年开始,美国、欧洲和中国三大区域汽车市场均经历了不同程度的寒冬景象。但中国新能源汽车产销却是“一枝独秀”,基本实现了逆势上扬。

以 2018 年的统计数据为例。这一年,中国新能源汽车产销分别完成 127 万辆和 125.6 万辆,其中纯电动汽车产销分别完成 98.6 万辆和 98.4 万辆。同年,全球电动汽车产销约为 201.8 万辆。照此推算,中国几乎占据了全球电动车市场的半壁江山。

2020 年,在疫情冲击车市的情况下,中国及时调整政策,发布了《关于完善新能源汽车推广应用财政补贴政策的通知》,将新能源汽车推广应用财政补贴政策实施期限延长至 2022 年底,以支持新能源汽车产业平稳度过艰难时期。

除中国外,欧洲地区的新能源汽车发展同样值得高度关注。欧洲汽车工业协会(ACEA)发布的统计数据显示,2019 年,欧洲新注册的电动乘用车(包括纯电动、插混、氢燃料车型)达到 55.86 万辆,同比增长 45%,远超整个乘用车市场 1.2%的增幅。

甚至是在疫情席卷的情况下,欧洲新能源汽车的发展态势对于整个车市而言都是一剂强心针。数据显示:2020 年上半年,欧洲新能源汽车的销量达到 41.4 万辆,不仅超过中国,成为同期世界冠军,还以高达 57%的同比增幅,成为全球唯一一个新能源汽车销量实现正增长的经济体。

这其中,离不开欧洲政府的“推手”作用。首先是欧洲汽车减排标准的不断趋严。欧盟计划到 2030 年,实现汽车和货车的二氧化碳排放量分别比 2021 年减少 37.5%和 31%;自 2021 年起,欧盟所有新车每公里排放二氧化碳不应超过 95 克。按照目前主流车企品牌的排放水平,想要按时达标确实面临着一些压力。而最直接有效的应对方式，就是快速扩大纯电动、混动、氢燃料等新能源车型的生产销售规模，以降低品牌车队的整体排放水平。

其次，欧洲多国政府对于新能源汽车的补贴力度较高。统计数据显示，2020 年，欧洲各国针对纯电动汽车的平均补贴金额约为 3 000～6 000 欧元/辆。

以德国为例。2019 年 11 月，德国政府提高了新能源汽车购车补贴水平，插电式混合动力汽车的补贴标准由此前的 3 000 欧元增至 4 500 欧元；而购买价格高于 4 万欧元的电动汽车，可获得最高 5 000 欧元的补贴。

2020 年 6 月，德国再次抬高补贴标准。根据最新的补贴政策，售价 4 万欧元及以下的纯电动新车可以获得 9 000 欧元的补贴，政府和相关车企分别负担 2/3 和 1/3；超过 4 万欧元的纯电动新车补贴为 7 500 欧元；插混车型可获得 3 760～6 750 欧元的补贴。此外，根据德国各城市不同情况，购买电动汽车的用户还可以获得最高 1 500 欧元的地方补贴。

2. 美国按下“倒退键”

美国曾是全球新能源汽车补贴政策的“领军者”和“启蒙者”。特别是以加州为代表的零排放(ZEV)积分政策，为培养和鼓励整车制造商推进新能源汽车路线发挥了重要作用。

特斯拉的发展壮大就与这一政策密不可分。数据显示，2008 年、2012 年和 2013 年，特斯拉通过出售 ZEV 积分分别获得了 350 万美元、4050 万美元和 2.5 亿美元的可观收入。

然而，自从 2017 年以来，美国对于新能源及其相关产业的政策导向就一直摇摆不定，为各州和企业带来相当大的困扰。

先是在 2017 年 6 月 1 日，美国总统特朗普在白宫正式宣布，美国将退出应对全球气候变化的《巴黎协定》。众所周知，《巴黎协定》是促使美国大刀阔斧建设新能源产业的原因之一，也是在美汽车厂商转型电动化的重要助推力。

此后在 2018 年 8 月，美国联邦环保署（EPA）和美国国家公路交通安全管理局（NHTSA）提议，将 2020—2026 年行业平均燃油经济性水平冻结在 2020 年的 37 英里/加仑（约合 6.4 L/100 km），不再继续加严。而根据奥巴马政府在 2012 年颁布的法规，则要求燃油经济性每年平均改善 5%，到 2025 年达到 54.5 英里/加仑（约合 4.3 L/100 km）。

作为全球汽车保有量最大的国家，无论是退出《巴黎协定》还是推行宽松的燃油经济性标准，无疑都重重打击了刚刚找到电动化发展方向的传统车企，为新兴的新能源技术路线按下了“倒退键”。

（二）环保风暴：各大车企厂商“投石问路”

1. 电动化的代价

对于汽车企业而言，选择拥抱电动化并非全无代价。

以纯电动汽车为代表的新能源车型，由于问世不久，技术尚在进步发展过程中，消费者对于其续驶里程、安全性能和充电桩配套等方面存在诸多疑虑，导致市场接受度远不及传统内燃机汽车。

统计数据显示，2019 年全球汽车销量超过 9 000 万辆，但电动汽车只占 220 万辆左右。即使是在新能源汽车接受度较高的欧洲市场，从 2019 年的新车销售数据来看，每百辆新车中也只有两辆为纯电动汽车。

更重要的是，由于动力电池等关键部件的成本依旧较高，新能源汽车的平均制造成本远高于传统燃油汽车。作为以营利为目标的生产主体，整车厂需要在减排达标和利益最大化之间找到最佳平衡。特别是对于在内燃机业务方面已经独占鳌头的老牌传统车企而言，其在向新能源过渡的过程中，必然会经历利润下滑的阵痛阶段。

比如，奔驰时任财务副总裁就曾公开表示，在纯电动汽车推广初期，部分车型的利润率只有内燃机汽车的一半。

在此情况下，汽车企业不可能轻易放弃内燃机汽车这一大块利润，更有不少企业多年来都是依靠传统汽车板块创造的巨大收益，为新能源汽车的研发生产持续“输血”。

2. 全球汽车环保“打假”

如果发展传统汽车无法满足监管排放要求，而汽车企业又不愿投入精力和资金优化内燃机节能技术，在巨额利润与违法成本的两相权衡下，不免有企业生出侥幸心理，最终演变为各类造假行为。

正因如此，2015 年“大众排放门”事件才引发轩然大波。在过去五年时间，大众汽车排放作弊事件余波未平，尽管已经付出超过 310 亿欧元（约合人民币 2 400 亿元）代价作为罚款与和解资金，但全球范围内针对大众汽车的相关调查指控仍未完结。与此同时，不断有更多车企卷入造假旋涡：宝马、奔驰、日产等一批全球闻名的汽车品牌均未能幸免。

进入 2020 年，韩国率先掀起了汽车界新一轮打假风暴。5 月，韩国环境部以“尾气排放数据造假”为由，对梅赛德斯-奔驰、日产和保时捷三家车企处以总计 795 亿韩元（约合人民币 4.7 亿元）的罚款。

其中，对梅赛德斯-奔驰的处罚金额高达 776 亿韩元（约合人民币 4.5 亿元），这也是韩国迄今为止在同类问题上开出的最高罚单。

据悉，涉及这次造假事件的约 4 万辆柴油车在实际行驶过程中，或是氮氧化物排放量与认证测试数据不符，或是尾气排放再循环装置停止运转。其中，12 款奔驰品牌车型的实际氮氧化物排放量，居然高出认证数据标准的 13 倍以上。

这并不是韩国首次重拳打击造假车企。2019 年 1 月，韩国首尔法院就曾对宝马韩国公司处以 145 亿韩元（约合人民币 8 414 万元）的罚款，因为宝马方面在向韩国政府递交的文件中，伪造了约 3 万辆汽车的尾气排放数据。

除了高额罚单，首尔法院还对参与排放认证的多名宝马韩国公司员工判处了 8 至 10 个月不等的监禁。

在中国，国家环保部门于 2018 年发出了严查重罚车企造假行为的一个明确信号。由于被核查出存在排放造假和超标现象，监管部门对山东两家汽车制造公司开出了总计 3 877 多万元的罚单，亮明了中国对超标排污、弄虚作假行为的“零容忍”态度。

目前，北京、上海等多地已陆续针对机动车环保生产一致性展开核查执法工作，暴露出一些企业存在的种种问题，已不局限于排放造假：轻者玩忽职守、错报信息；重者以次充好，知法犯法。

2019 年 7 月，北京市生态环境局针对江淮汽车“污染控制装置以次充好”等造假行为，出具了《行政处罚决定书》，被罚金额超过 1.7 亿元。

3. 环保之剑仍将高悬

面对全球气候变暖、污染加剧的事实，加速节能减排不仅是汽车业的共同目标，更是所有企业无可推卸的社会责任。而纵观近年全球环保打假事件，最值得玩味的是一些涉事车企呈现出的“两幅面孔”。

一方面，以大众、宝马、奔驰等为代表的全球知名汽车企业，一直是舆论场上“绿色出行”“可持续发展”“新能源路线”的积极倡导者，公开场合频频高举环保旗帜，为树立良好社会形象做足了功课。

但另一方面，在监管视野范围的暗处，这些企业却即刻撕去“绿色面纱”，以或高明或拙劣的策略手段，在实际操作中偷梁换柱，甚至不惜暗中勾连，在环保减排道路上倒行逆施。

2019 年 4 月，欧盟委员会公布的一项调查结果显示：在 2006—2014 年间，大众、奔驰、宝马及大众子公司奥迪、保时捷结成卡特尔联盟，垄断了两项柴油发动机尾气排放清洁技术。业界普遍认为，此次垄断旨在刻意阻碍环保创新技术在汽车领域的应用。

从各国设置的时间表来看，2020 年将成为汽车业实现大幅减排的重要节点。未来一段时间，汽车制造商的达标红线还将不断提升，在监管层面上并不存在讨价还价的空间。

在中国，2020 年是打好污染防治攻坚战的决胜之年。在各地环保核查力度加严、机动车环保召回制度持续完善，特别是社会舆论对于排放造假行为的监督意识不断深化的情况下，民众心中的蓝天梦正越行越近。

而对于所有在华车企而言，需要时刻警醒的是：在全球汽车产销第一大国之中，环境问题无小事，容不得半点疏忽或掺假，更没有一丝一毫的法外之地。

三、找准优势定位，中国汽车业危中寻机

对于中国汽车产业而言，全球疫情冲击、市场下行压力加大、产业转型升级要求迫切等一系列因素相叠加，考验着汽车从业者的信心和决策力，如何平衡整个产业的生存与发展问题，如何评估产业的短期利益与长期竞争力，将成为中国汽车业的长期议题。

更重要的是，随着新的产业形态和发展模式不断涌现，深度参与国际竞争的中国汽车业必须要加快产业转型升级，在危机中找准自身优势定位，实现自我调整。

（一）冲击：疫情检验中国汽车行业痛点

自从美国哈佛商学院战略学家迈克尔·波特提出著名的价值链概念与分析法，“微笑曲线”就成为中国产业界进行对照和反思的标尺。对于中国汽车业而言，如何打破“微笑曲线”魔咒也是长期以来的任务与焦点。而2020年疫情的到来，为中国汽车行业重新审视自身优势和痛点提供了新视角。

日本贸易振兴会(JETRO)综合各国和地区的统计数据显示，2018年全球汽车零部件(除发动机外)的出口总金额约为4 213亿美元(2.95万亿元人民币)。照此推算，中国占全球零部件出口总额的13%左右。而全球至少有50%以上的汽车零部件是由中国生产并出口的。这说明，大部分中国汽车零部件产业的确处于“微笑曲线”价值链的偏中下端。

从理论上来说，在排除国际经贸等方面的突发或不确定因素后，为发展经济，国家在某一时期应该着重发展哪类产业、制造哪些产品是由国家

在这一时段的要素相对价格和禀赋结构决定的。

简单来说，发达国家资本多、劳动力少，那么资本密集型产业应为发展重点；发展中国家资本少、劳动力多，劳动密集型产业将大有前景。如果违背自身的要素禀赋结构发展某一类产业，往往需要扭曲要素价格信号，或者将伴随着生产率低下的问题，而这必然是不可持续的。

从产业链的低价值端向高价值端攀升虽然并不容易，但是后发国家如果能在加强自主创新的基础上，积极引进国外成熟的技术产品消化吸收，是有可能实现追赶的。

如果从产业链的高价值端"向下走"难度其实更大，这是因为本国的要素禀赋结构往往是不可逆的。斩获奥斯卡最佳纪录片奖的《美国工厂》就生动地说明了这一点：让劳动密集型产业回归发达国家是极为困难的。

由此来看，中国汽车制造业"向上走"不仅是产业界的共同期盼，也是与现阶段国家产业结构升级同频共振的过程。从目前中国制造业转移出去的那部分产能可知，绝大部分其实是纯粹成本驱动的劳动密集型商品。

而从中国汽车供应链本身来看，与多年前低质低价的情况不同，目前中国已经涌现出一批高水平零部件企业，并被纳入准入门槛颇高的跨国公司全球采购体系中，不少企业的产品在国际市场上受到了相当程度的认可。

例如，福耀玻璃目前全球市占率达 20%以上，合作方包括劳斯莱斯、宝马、奔驰、凯迪拉克、奥迪等诸多国际汽车品牌。宁德时代在 2017 年超越松下，登顶动力电池销量世界第一。

当前，国产特斯拉 Model 3 正在迈向零部件全面国产化，这也是中国汽车供应链水平不断上升的佐证之一。据悉，目前这款车型零部件国产率为 30%，预计将在 2020 年年中和年底分别实现国产率 80%和 100%。宁德时代、均胜电子等均已被纳入特斯拉的采购篮子。

特斯拉国产供应商名单(部分)

企业	产品
宁德时代	锂离子动力电池
均胜电子	方向盘、安全气囊及相关传感器
华达科技	车身冲压件
天汽模	车身覆盖件模具及配套产品
旭升股份	电池组保护壳、变速箱箱体
长信科技	中控屏模组
拓普集团	铝合金底盘结构件
三花智控	热管理组件
东山精密	电池热管理散热器

(二)挑战:转型升级之路不会平坦

客观评判,我国产业门类健全、中间产品贸易活跃、需求市场规模庞大、劳动力素质高,决定了中国在全球汽车供应链和价值链中具有不可替代性。但与此同时,在中国汽车转型升级"向上走"的过程中,也要谨防一系列风险和挑战。

1. 产业链末端技术风险

近两年,全球经贸和政治形势复杂多变。产业安全被提到了一个至关重要的位置上。随着新一轮全球科技革命与产业变革的兴起,特别是前沿互联网的崛起和蓬勃发展,汽车产业正在探索转型的路上前进:新能源汽车、智能网联技术……这些新技术、新业态、新模式,成为全球汽车产业向前发展的核心任务。在这一过程中,未来电子信息技术的重要性将越来越突出。

改革开放40余年来,中国汽车产业已经深入融入国际产业链分工体系之中,且目前供需较为平衡,在最为核心的传统制造部分,已经发展得比较成熟。

但同时,汽车产业链条长,意味着产业链末端的技术空白或风险传导速度会慢一些,不太容易被发现,整车厂也不太容易感受到来自零部件供应链末端的潜在危机。

目前中国的整车厂很重视整车系统、车身、底盘等方面的创新开发。但是随着汽车业向智能化转型,涉及这一部分的电子信息部件,还有一部分核心技术是中国企业没有掌握或者是不够成熟的,这也是未来中国汽车业可能要面临的最大风险,需要引起高度重视。

对此,应尽快实现汽车产业供应链的安全可控。一方面,应立足本国,尽快寻找替代产品;另一方面,对于一些关键零部件领域,汽车主机厂与海内外的零部件企业建立战略合作关系,提前布局创新、研发、试制等环节,共担风险、共同发展。

2. 行业洗牌持续加速

在某种程度上,从 2018 年开始的车市下行,预示着新一轮洗牌期即将开始。随着经济下行压力有所加大,部分企业经营困难较多,受市场预期恶化、信心不足的影响,部分购车需求出现滞后。在整个产业中低速增长的过程中,必然会有一部分企业首先被“洗掉”。

更重要的是,国内汽车生产依然存在着过多过散的问题,整个汽车产业的企业总数很多、产能规划宏大,表面上一片繁花似锦,但产业整体却大而不强。

仅以新能源与新势力造车为例。数据显示,当前我国新能源汽车整车企业就有 200 多家,新造车企业数量也超过了 100 家。但真正能推出成熟的、被市场认可产品的企业,比例并不算高,能真正实现盈利的则更少。

从企业产能利用率来看,一般来说,汽车业产能利用率的正常值区间为 79%~83%,超过 90%则认为产能不足;低于 79%则说明可能存在产能过剩现象。而国家统计局数据显示,2019 年上半年,我国汽车制造业产能利用率为 77.2%,同比下滑 3.8%。这说明中国汽车整体产能的利用率已跌破“安全线”,有相当一部分企业甚至处在产能停摆状态。

从国内目前的政策导向来看，无论对内还是对外，都显示出中国着力优化汽车产业结构的努力与决心。

对内，国家发改委发布的《汽车产业投资管理规定》于 2019 年 1 月开始施行，鼓励汽车产能利用率低的省份和企业加大兼并重组力度和资金投入，加速僵尸企业清退等“去产能”进程，推动行业产能的总体平衡和结构优化。对外，从 2018 年开始，中国汽车市场的大门越开越大。合资股比限制放开、允许特斯拉在上海独资建厂……更多优质的“鲶鱼”被引入。

可以预见，未来一段时间，在去产能、产业转型升级、小部分自主品牌企业经营问题加剧、低端车领域竞争愈加激烈、合资品牌加大在华市场投入等一系列原因的促使下，中国汽车业格局将发生很大变化。

归根结底来看，这将是一个在市场规律作用下，企业优胜劣汰的过程。与此同时，与一些发达国家相比，中国汽车业的兼并重组和产业格局将会具备独有的特点。

比如，中国汽车消费市场不仅规模庞大，消费需求也非常多样，这就注定了我们的市场环境具有很大的包容性，这给不同定位的企业共同生存发展提供了宽松的空间。由此，中国汽车业的兼并重组可能不会像美国、德国一样，只剩下极少数企业。

(三) 机遇：畅想汽车产业的下一个十年①

1. 做好最坏准备

新冠肺炎疫情对世界经济发展造成巨大影响，对汽车产业的影响也将更为显著。这是因为：

第一，汽车产业与宏观经济走势密切相关，汽车产业链宽且长，对国内外相关产业的依赖性很强。

第二，汽车产业发展要依赖大众消费，这次疫情会暂时抑制大众的消

---

① 本节作者为中国汽车工业协会原常务副理事长兼秘书长、中国汽车咨询委员会委员张书林。

费热情,市场恢复常态化需较长时间。

第三,疫情造成的长时间人、财、物及信息流动的停顿,使产业处于较长时间的休克状态,后期复工复产的难度将是巨大的。

第四,汽车企业除了对效率、成本十分敏感外,对资金的需求也是持续的,企业离不开自我造血功能、金融机构及政府财政的支持。尤其是新兴的新能源汽车企业尚需大量的融资支持。疫情造成的企业和金融机构、各级政府财力下滑,致使企业复工复产和建设资金压力增大。

第五,2018 年汽车产业开始面临产销、利润大幅下滑的逆境,同时新能源汽车全面对外资开放,增加了中国品牌成长的压力,本次疫情的打击更是雪上加霜。

以上足以说明,当前形势给汽车产业发展带来的不确定性和不稳定因素增加,对一些企业的后续发展甚至是致命的,会加速一些企业的消亡过程。尤其是新兴企业,必须做好最坏的准备。

2. 争取最好结果

应该看到,此次疫情将影响企业正常的生产节奏和经营活动,在此影响下,有针对性地调整产业结构(包括供应链体系)势在必行。各种应对措施会促使新的产业形态、发展模式不断涌现,这是中国汽车产业参与国际竞争不可或缺的过程,也不失为企业加快产业转型升级、进行自我调整的一次机遇。

为应对新的发展形势,企业在坚持发展新能源汽车、实现战略转型方向坚定不移的前提下,加大改革创新力度,做好发展战略调整,将是抓住机遇、应对挑战的关键。可以预见,需要改革及战略调整的企业主要有以下几种情况:

第一,一些在竞争中发展的企业会加快体制机制的改革,突破传统、封闭的经营发展模式,探求新的发展途径和发展模式,增强品牌竞争力。

第二,一些已取得投资准入资格,虽已建成但始终无力开展生产经营活动的新能源汽车企业;一些已取得投资准入资格,但尚未竣工或尚未开工建设的项目;一些尚未取得投资许可或基本已失去参与竞争机会的企业。这些企业将在政策允许的范围内寻求新的出路,调整发展战略,或退出,或重组。

第三,不同企业的基础状况不同,需要调整的重点内容也不同。从短期看,多数企业会以复工复产为前提,需要通过对经营策略、市场目标、产品结构、研发生产模式、人才及资本结构等作出针对性的调整,以适应新的发展形势,提升企业的生存能力。同时需要有衔接未来的长远发展规划。

第四,一些外企借助中国的产业基础和市场,会加强在中国的发展力度。特别是传统车企会加快调整产品和产业结构;新能源汽车的独资、合资企业会继续诞生。

第五,在当前的政策约束下,一些待发展的企业和地方,会"立足当前,着眼长远",用更开放的姿态,探求新的发展途径。

可以看出,以上情况基本都孕育着企业间的开放与合作,会给各类企业提供合作发展机遇。此时需要我们有更强的自信和更多的智慧来适应,也需要企业家放低身段,以更宏远的发展战略,与同行们共同应对挑战。同时,也需要社会有更多的正能量推动企业增强竞争意识、创新竞争途径,培育自己的品牌,甚至可以用另一种生存方式延续企业生命,争取最好的结果。

3. 开放合作是制胜关键

产业发展永远不是线性的,波折起伏是必然规律。在市场需求旺盛的时候,汽车企业"各自为战,各显其能",是其竞争发展的特点。而当企业共同面临发展困难的时候,具有互补性的企业间团结合作,共同应对挑战,才是在竞争中制胜的关键。国内外诸多合作共赢的成功先例不胜枚举。

企业间合作的前提是要有共同向好的发展愿景,分别具有可以满足对方需求的优势资源;企业的领军人要有包容、宽厚的气度,有优势资源可开放共享的胸襟,有诚信平等的心态,并尊重市场经济规律,这是企业间成功合作的必要条件。

合作是应对“适者生存、优胜劣汰”竞争法则的手段，目的是共赢；合作不仅仅是一种姿态，更是一种智慧，是企业创业理念的升华，是发展模式的创新；企业间的合作也是重组的初级阶段，当企业在深入合作中，建立了诚信的合作关系和共赢的产业基础，形成了相互依赖提升竞争实力的共同愿景时，将具备进一步重组的条件。

目前，新能源汽车领域存在众多有资金而无技术产品、或有技术产品而无资金的企业，多数已经具备了企业间合作发展的需求及开启合作的条件。若各自为战，不但制约着企业的发展，也严重制约产业竞争力的提升。目前企业至少有五类需求，即资金、成本、自主可控、生产资质和投资准入，可为企业间合作创造机会。具体包括：

第一，有技术和产品但缺乏发展资金的企业，需要与有发展资金的地方、金融机构或缺少产品升级技术的企业合作。

第二，有产品和资金但缺少成本可控的竞争力、缺少进一步开拓市场实力的企业，需要与有产品开发能力，且具有成本控制力的企业合作。

第三，有产品有资质也有完整的供应链，但自主性缺失、成本不可控的企业，需要与自主性强、技术开发能力强且成本可控的企业合作。

第四，有产品和技术，但无独立生产资质的企业，需要与有独立生产资质但研发能力不足的企业合作。

第五，虽已取得国家投资准入许可，但超过两年没开工的投资项目，或建成后无力投产的企业，需要突破政策约束，寻求新的发展出路，未建成可退出，已建成可重组。

第六，当前虽有投资准入政策约束，但一些有发展愿望和一定实力的地方和企业，仍在探求新的发展途径和发展模式。

以上的合作机会需要各级政府、企业家以正能量推进合作关系的形成。只要不突破法律法规和市场道德的底线，外界不应也不能进行干预。一旦促成上述合作，强势企业的困难可迎刃而解，弱势企业可绝处逢生，进而使中国汽车产业结构具有更强的国际竞争力。

中国汽车迈向发展新阶段

中篇

第四章　分化加剧，洗牌正在进行

回顾 2019 年的中国汽车市场，下行似乎早就在意料之中，但这场寒冬的凌冽却比预想中来得更甚。面对持续低迷的市场环境，几乎所有汽车品牌在这一年都经历着前所未有的波折和挑战。

政策层面，合资车企股比开放、进口汽车关税下调、新能源补贴退坡、双积分政策和“国六”开始实施；行业内，外资品牌新能源汽车强势来袭、弱势品牌濒临退市、跨国并购传闻纷飞；社会层面，坐在“机盖上哭”和“水氢汽车”的闹剧，每一件新闻都引发着舆论的热议。

而这些热议的背后，其实也更加折射出站在“十字路口”上的中国车市此时面对的纷扰。对此，本章将聚焦 2019 年中国汽车行业市场的整体发展状况，特别是在从增量时代转向存量时代的过程中，中国汽车产业链如何实现突围。其中，在整车领域，重点关注自主品牌分化加剧和新能源汽车市场博弈两个方面。而在流通领域，则重点阐述汽车经销商在过去一年多的时间里所经历的痛点与转型路径。

一、下行压力加大，行业集中度提升

中国汽车工业协会公布的数据显示，尽管 2019 年我国汽车产销分别完成 2572.1 万辆和 2576.9 万辆，产销量继续蝉联全球第一。但全国汽车产销量的降幅进一步扩大，产销量与行业主要经济效益指标均呈现负增长。

2019 年汽车销量月度走势图 （单位:万辆）

	1月	2月	3月	4月	5月	6月	7月	8月	9月	10月	11月	12月
2017 年	252	193.9	254.3	208.4	209.6	217.2	197.1	218.6	270.9	270.4	295.8	306
2018 年	280.9	171.8	265.6	231.9	228.8	227.4	188.9	210.3	239.4	238	254.8	266.1
2019 年	236.7	148.2	252	198.3	191.3	205.6	180.8	195.8	227.1	228.4	245.7	265.8

数据来源:中国汽车工业协会

从同比情况看,2019 年的产销量分别下降 7.5%和 8.2%。相较 2018 年,上述降幅分别扩大 4.2 和 5.4 个百分点。而从 2019 年各月走势来看,上半年降幅更为明显,下半年逐步好转,到 12 月当月销售略降 0.1%,与同期基本持平。

2018 年和 2019 年产销量数据对比 （单位:万辆）

	2018 年	2019 年
汽车产量	2 780.8	2 572.1
汽车销量	2 808.1	2 576.9

数据来源:中国汽车工业协会

其中,乘用车市场全年下滑幅度高于整体市场。2019 年乘用车全年产销分别完成 2136 万辆和 2 144.4 万辆,产销量同比分别下降 9.2%和 9.6%。占汽车产销比重分别达到 83%和 83.2%,分别低于上年产销量比重的 3.4 和 1.2 个百分点。

如果按照乘用车四类车型分类看:轿车产销量同比分别下降 10.9%和 10.7%;SUV 产销量同比分别下降 6%和 6.3%;MPV 产销量同比分别下降 18.1%和 20.2%;交叉型乘用车产销量同比分别下降 4.3%和 11.7%。

在市场份额占比方面,轿车 2019 年市场份额较上年下降了 1.9 个百分点;SUV 2019 年市场份额较上年增长了 3.1 个百分点。可见,虽然 2019 年乘用车市场销售情况并不好,但 SUV 的热度仍在。

2019 年中国乘用车市场四类车型销量情况 （单位：万辆）

车型	销量
轿车	1 030.8
MPV	138.4
SUV	935.3
交叉型乘用车	40

数据来源：中国汽车工业协会

在商用车领域，虽然未能避免全年下滑的趋势，却得益于基建投资回升、“国三”汽车淘汰、新能源物流车快速发展、治超加严等利好因素。2019 年商用车产销情况明显好于乘用车，产销分别完成 436 万辆和 432.4 万辆，产量同比增长 1.9％，销量下降 1.1％。

从车型来看，客车产销分别完成 47.2 万辆和 47.4 万辆，同比分别下降 3.5％和 2.2％；货车产销分别完成 388.8 万辆和 385 万辆，产量同比增长 2.6％，销量同比下降 0.9％，其中，重型货车产销分别完成 119.3 万辆和 117.4 万辆，同比分别增长 7.3％和 2.3％。

总体来看，汽车行业转型升级、中美经贸摩擦、环保标准切换及新能源补贴退坡等因素令行业承受了较大压力，是造成产销量降幅扩大的主因。

（一）逆势：豪华车品牌“以价换量”

但值得注意的是，即使在这样的市场环境下，豪华品牌依然成了这场车市寒冬中唯一能够保持“微笑”的细分领域。

数据显示，2016 年豪华品牌的市场占有率为 6.2％，2017 年为 7.4％，2018 年为 8.8％，到了 2019 年，在“以价换量”的模式下，豪华品牌在整个市场中份额提升近 10％。

不难看出，随着中国汽车消费升级，消费者对豪华品牌将更加青睐，而根据公安部发布的数据，我国私人小汽车保有量接近 2 亿，汽车已经进入换购高峰，不少消费者也将豪华品牌作为换购的选择之一。

事实上，豪华品牌逆市上涨，价格是很重要的原因之一。近年来，随着豪华品牌不断推行本土化战略，不少车型都已实现国产，还针对中国市场推出了定制车型，在满足中国消费者喜好的同时，造车成本下降，售价降低。

比如奥迪 A4L、奔驰 GLC、奥迪 Q5L、宝马 5 系等产品。在 2019 年奥迪 A4L 最低起售价曾低至 22 万元；奔驰 GLC 的最低起售价在 32 万元左右；奥迪 Q5L 的起售价也一度跌破 30 万元。再例如，2019 年宝马全新 3 系上市，起售价接近 32 万元，结果 8 月份在没有优惠的情况下，销量跌入谷底，只有 3 000 辆多一点，甚至不如沃尔沃 S90 的销量，随后几个月，随着降价幅度的持续增加，销量才开始慢慢转好。

而二线豪华品牌就更不必说，凯迪拉克、沃尔沃、捷豹路虎，几款主销车型都有比较大的优惠。凯迪拉克 CT6 的优惠幅度在 8 万～10 万；沃尔沃 S90 的起售价大概在 29 万左右；揽胜极光的起售价格也跌破了 30 万元。

可见在车市艰难之时，就算是豪华品牌也必须放下身段，采用以价换量的策略来“谋生”，过去普通老百姓望尘莫及的宝马、奔驰、凯迪拉克等品牌，眼下很多车型都已经与合资品牌价格重叠。对于消费者来说，这或许是件好事，但是对于车企而言，勒紧裤腰带的“赔本赚吆喝”似乎都成了一种体面。

（二）考验：新能源汽车迎接市场检验

在有的车企开启加速“冲量”模式的同时，有的车企则在艰难转型。“破冰”，几乎成为每一家车企都要认真思考的课题。

尤其是对新能源汽车来说，2019 年更是一场躲不开的考验。中国汽车工业协会公布的数据显示，2019 年新能源汽车销售 120.6 万辆，同比下降 4%。其中纯电动汽车销售 97.2 万辆，同比下降 1.2%；插电式混合动力汽车销售 23.2 万辆，同比下降 14.5%；燃料电池汽车销售 2 737 辆，同比增长 79.2%。

2013—2019 年中国新能源汽车销量及增速情况　（单位：万辆）

年份	销量	增速
2013 年	1.8	35.2%
2014 年	7.5	323.8%
2015 年	33.1	342.9%
2016 年	50.7	53%
2017 年	77.7	53.3%
2018 年	125.6	61.7%
2019 年	120.6	−4%

数据来源：中国汽车工业协会

而国内新能源汽车产销之所以会出现少有的负增长，最主要还是受补贴逐步退坡的影响。对此，业内一致认为：补贴完全退出后，势必将给新能源汽车产业造成更大的压力，并推动新能源汽车市场由政策驱动转变为市场驱动，新能源车企将会和传统车企一样，面对创新能力、产品质量、延伸服务和商业模式等综合实力的考验。

因此，2019 年也被业界公认为是造车新势力生死存亡的年份。

这一年，在 300 多家造车新势力中，仅有蔚来、威马、小鹏、零跑等 12 家车企实现了交付，并且只有 4 家企业交付量过万，其中蔚来汽车 20 565 辆，威马汽车 16 876 辆，小鹏汽车 16 608 辆，合众汽车 10 006 辆。可见，在不能交付现车、资金紧缺、补贴退坡、信任危机等多重困难下，或许将会有越来越多的造车新势力出现巨大变动，多数企业将面临破产危机。

与此同时，国产特斯拉汽车下线，终端零售价格下探至 30 万元内，如果随着其计划的年终 80% 国产化率的实现，成本将再一次下降。可以预见，即使在 2019 年"量产交付"中成功过关的企业，未来也将迎来更多的挑战，稍有不慎就会出局。

（三）分化：强者愈强，弱者出局

不难判断，在车市负增长的背景下，强者愈强，落后者出局，正成为未来车市的一大特点。

从2019年的情况来看，合资品牌中，德系日系越来越强，法系韩系日渐式微，甚至有被淘汰的风险。自主品牌方面，吉利、长城和比亚迪等企业，已成为自主品牌的执牛耳者，弱势的品牌则前景堪忧。

事实上，已经有很多在华市场的汽车品牌正面临着“淘汰”的危机。其中，猎豹、众泰、华泰、力帆等品牌疲态尽显，屡次被传出破产；而为众泰承担品牌向上重任的君马汽车已宣告破产；曾经代表法系豪华的DS，也因为长安和PSA的相继抛弃，而走向退出中国市场之路；而像海马汽车、云度汽车、东风雷诺这样跌幅超过50%的车企也不在少数。

但从另一个角度看，被淘汰的一般都是落后者，那些最具实力的企业并不会因市场下滑而面临死亡威胁。例如，在车市大跌10%的时候，大众汽车集团依旧占据中国乘用车市场20%的份额，丰田、本田等日系巨头甚至逆势增长，中国品牌中，吉利汽车的销量也足够亮眼。

可以预见，无论合资品牌，还是自主品牌，即使车市整体下跌，但仍然会有部分车企呈现出同比20%至30%快速增长的态势，但对于一些相对弱势的品牌来说，如果依然无法在产品、营销等方面取得突破，将面临能否活下去的窘境。

这些无疑都表明，在有限的市场中，强者愈强、优胜劣汰的法则正愈加明显，市场份额集中度持续提高，车市两极分化越发明显。有数据显示，2019年中国汽车销量排名前十位的企业集团销量合计为2 329.4万辆，同比下降6.7%，高于行业增速1.5个百分点；占汽车销售总量的90.4%，高于上年同期1.5个百分点。

而出现这样的情况其实并不难理解，汽车早已不是简单的代步工具，消费者个性化的需求日渐旺盛，新时代的汽车，不仅要有卓越的性能与过硬的质量，更要有与时俱进的创新。对车企来说，除了优秀的产品，还必须要在营销、服务、品牌力上取得突破。

二、自主品牌份额下滑，谁能“逆势为王”

2018年，中国车市遭遇了28年来的首次下跌，而到了2019年，车市下行这股寒流依然没能止住。不仅众多合资品牌纷纷出现下滑，对于自主品牌而言，更是充满了挑战，有些尽力维持销量稳定，有些已经濒临退市。

回顾2019年自主品牌的发展历程，可谓“喜忧参半”。

数据显示，2019年自主品牌乘用车共销售840.7万辆，同比下降15.8%，占乘用车销售总量的39.2%，比上年同期下降2.9个百分点。其中，中国品牌轿车销售204.6万辆，同比下降15.2%，占轿车销售总量的19.9%，比上年同期下降1.1个百分点；中国品牌SUV销售492万辆，同比下降15%，占SUV销售总量的52.6%，比上年同期下降5.4个百分点；中国品牌MPV销售104.1万辆，同比下降21.6%，占MPV销售总量的75.3%，比上年同期下降1.3个百分点。

而在外国品牌中，与上年同期相比，日系和德系品牌乘用车销量增速略有减缓，韩系品牌结束增长呈一定下降，美系和法系品牌降幅有所扩大。

不过值得注意的是，2015—2018年，中国品牌乘用车的市场份额一直稳定在40%以上。其中，2015年的市场份额为41.2%，2018年的市场份额为42.1%。也就是说，2019年中国品牌乘用车五年来首次跌破40%大关。而从2006年到2018年，中国品牌的乘用车市场份额也只有两次跌破40%。

2014—2019年中国品牌乘用车市场份额变化趋势

年份	2014年	2015年	2016年	2017年	2018年	2019年
份额	38.4%	41.2%	43.2%	43.9%	42.1%	39.2%

对此有分析认为，自主阵营的节节败退，问题在于奇瑞、荣威等一批曾经快速崛起的品牌后劲不足。此外，在造车新势力领域，除了头部的蔚来、

威马、小鹏、理想表现尚可之外，包括曾被外界看好的拜腾、博郡等已相继“翻车”，自主品牌无论在哪个细分市场，生存现状都颇为艰难。

数据显示，2019 年中国品牌轿车、SUV 和 MPV 市场占有率分别为 19.9％、52.6％和 75.3％，与上年同期相比，轿车结束增长，呈一定下降，SUV 降幅明显扩大，MPV 降幅有所收窄。或许，对于这场突如其来的车市寒冬，自主品牌们一时之间还未能适应过来。

（一）根源：品牌“向上走”任重道远

从根源来看，造成自主品牌市场份额下降的原因可归纳为以下几点。

首先，SUV 市场的红利开始消退。众所周知，在自主品牌快速发展的前几年，SUV 曾是自主品牌的优势“战场”。不少自主品牌抓住了国内 SUV 市场处于大热的机会，通过迅速推出覆盖各大细分市场的 SUV 车型，从而取得了巨大的成功。

2017—2018 年，SUV 月销量前十排名中，自主品牌往往占据压倒性优势，北汽幻速、陆风、众泰等车企都曾赢得 SUV 市场的红利。可见在那几年的 SUV 市场里，自主品牌绝对处于市场的主导地位。但随着 SUV 市场红利的消失，自主品牌的销量也受到了很大的影响。

其次，合资品牌车型价格下探，也让自主品牌车型的销量遭受到了一定冲击。回顾 21 世纪之初以来，自主品牌乘用车曾凭借高性价比快速站稳脚跟。以售价 3 万～5 万元的奇瑞 QQ 为例，一经推出就打破了合资品牌垄断小型家轿市场的局面。2011 年，奇瑞 QQ 总销量突破 100 万辆，成为 21 世纪第一个十年最畅销的自主品牌车型。

但随着合资品牌不断下沉渗透到自主品牌的主阵地，自主品牌的价格优势逐渐被削弱，如今 10 万元以内的市场中不乏众多合资品牌车型身影。

可见在眼下，自主品牌不仅要面对失去价格优势这一“利器”，同时还要面临中低端需求明显疲软，高端突围难言乐观等腹背受敌的窘境。再加上，如今的消费者归于理性且市场消费升级，越来越多的消费者开始转向为品质和技术买单，那些自身“没点真功夫”的自主品牌车企生产的车型，也就自然而然地会被市场筛除。

事实上，缺少有认知度的豪华车产品，一直是自主品牌的薄弱点。纵观2019年内，国内车市的一大特点就是中低端品牌的销量在下滑，反观豪华品牌的销量却呈上扬态势。可当下，自主豪华品牌只有红旗、WEY和领克，难免势单力薄。

尽管自主品牌高端化之路注定艰难，却是业界公认的大势所趋。一方面，2019年整体车市下滑，合资品牌纷纷通过打价格战来维持市场地位，这恰好挤压了刚在合资品牌里站稳脚跟的自主高端品牌的生存空间；另一方面，自主品牌为了快速抢占市场，纷纷对产品线以及经销商网络进行快速扩充，造成在产品规划方面有着显著的侵蚀效应，内耗严重。

那么，自主品牌如何才能打赢高端化“战役”？

对此业内的共识是，从新能源领域突破是重点选择之一。因为，在新能源领域自主品牌的技术实力与合资、外企处在同一发展水平，甚至在某些方面还处于领先地位。除此之外，还要提升自主品牌的产品力、加强服务层面的溢价、加大品牌营销的投入以及营销体系的建设。最后，走向全球化也是自主品牌高端化努力的方向。

（二）双面性：份额下滑倒逼转型

凡事都具有两面性。自主品牌市场份额下降，也不完全是坏事。比如，在前些年国内汽车市场处于高速发展的增量时代，不少走低端低价路线的汽车产品也能迅速冒头加入“盛宴”之中，获取一杯羹。

但如今面对市场从增量时代转入存量时代、“国五”转“国六”、车市寒冬降临等因素，只有自身具有真材实料的企业，才能抗住压力、继续发展。毕竟，汽车研发制造是复杂的系统工程，一款新车的研发周期正常需要三四年时间，而粗制滥造的产品短期内或许能凭借低价营销赚取一波利益，但必然经不起市场的长期考验。长此以往，甚至有可能会出现劣币驱逐良币的现象，不仅会造成消费者利益受损，同时还会阻碍中国汽车品牌向上发展。

可以预见，在存量竞争时代，还会有更多边缘自主品牌的市场份额被头部企业收割。与此同时，虽然自主品牌汽车的总体市场份额可能会有所波动，但其向头部企业集中的趋势却很可能会更加明显。

而危机中的市场向来是优胜劣汰，只有自身有真本事，才能在激烈的肉搏战中存活下来。从某种意义上来说，当前自主品牌市场份额的下滑或许可以对市场起到“反推作用”。正所谓居安思危，危机无疑是最有效的警示。

“大浪淘沙始见金”，经历过国内汽车市场十几年的辉煌与两年多的动荡，如今自主品牌正形成新的梯队格局。可以看到，长安汽车、吉利汽车、长城汽车等第一梯队的头部自主品牌车企，虽然同样在车市寒冬中遭受了一定的冲击，但依然共同引领着中国汽车的发展。头部自主品牌车企在尽力维护自身市场份额的同时，也将在品牌端和产品端将中国汽车不断推向高端化。

三、新能源汽车，后半场的博弈

2019 年，随着补贴退坡后的销量快速下滑，中国新能源汽车市场走势正与传统乘用车乃至整个汽车市场的波动愈加贴合，并有可能成为未来新能源汽车市场的“新常态”。

导致这一现象的主要原因，在于补贴退坡带来的市场透支效应。但从另一个角度来看，从政策驱动走向市场驱动，正是新能源汽车市场摆脱“补贴输血”所必经的阵痛期。

（一）自主与合资品牌各有侧重

“以纯电动为主、插电混动为辅”一直是中国新能源汽车市场的主要特征。但2019年的市场销量表明，两条技术路线分化增长的趋势正在不断加剧。

中国汽车工业协会公布的数据显示，2019年新能源汽车销售120.6万辆，同比下降4%。其中纯电动汽车销售97.2万辆，同比下降1.2%；插电式混合动力汽车销售23.2万辆，同比下降14.5%；燃料电池汽车销售2 737辆，同比增长79.2%。

总体来看，2019年纯电动乘用车的同比增速，要明显好于插电混动乘用车，后者下滑幅度超预期较多。其中在纯电动汽车细分市场中，自主品牌发展较好。另外，从市场观感而言，合资品牌纯电动产品的投放速度，明显要弱于中国品牌，不仅产品投放周期滞后，在续航里程、智能网联等诸多核心指标方面，也与中国品牌存在一定差距。

但值得注意的现象是：在插电混合动力细分市场，合资品牌增长速度却表现得十分迅猛。可以预见：一旦合资品牌布局插电混动乘用车市场，依托产品序列、车型平台、产销规模、供应商体系等传统先发优势，其旗下插电混动乘用车产品的性价比大幅提升，该细分市场将面临存量竞争白热化的态势，后续自主品牌在这一细分市场的份额将会呈现逐渐被挤压的趋势。

与此同时，随着产品性价比的总体提升，插电混动乘用车与传统燃油车之间的差价也在不断缩小，这意味着整个插电混动乘用车市场的容量也将渐次扩容。

(二) 纯电动汽车市场迎来消费升级

新能源汽车市场内部各细分市场，也正呈现出明显的消费升级趋势。总体而言，无论是纯电动还是插电混动，无论是合资品牌还是自主品牌，整个新能源汽车市场的产品投放，正在从过往几年的低端、补贴导向，迈入以消费者升级需求为导向的新时期。

纵观2017年至2019年国产新能源纯电动乘用车产品结构变化，不难发现,A00 级纯电产品销量占比从 2017 年的 61%萎缩至 2019 年的 22%,而 A 级纯电轿车则从 2017 年的 17%扩大至 2019 年的 43%。过去三年来,纯电 SUV 的销量占比也在扩大。

可见多年的补贴政策,虽然催生了当年 A00 级电动车的畅销盛况。但如今,在补贴持续退坡的进程中,市场"泡沫"正在被不断挤压,并且驱动着市场走向良性发展,推动产品向更高电池密度、更大续航里程迈进;同时,这一趋势也在催熟面向 B 端的网约车市场。

例如,在 2019 年第四季度,随着广汽传祺 GS8 PHEV、JEEP 指挥官 PHEV、荣威 RX3 MAX PHEV、奔驰 EQC、北京奔驰 E 级 PHEV 等新车的入场,B 级纯电动市场也迎来了新一轮的增长。

新能源汽车市场的区域性增长特征和新变化,同样值得关注。数据显示,2019 年上半年,非限牌地区新能源乘用车销量占比 52.1%,自 2017 年起已连续两年超过限牌地区销量。而且,从汽车保有量水平,以及三线以下城市消费增量空间等方面来看,中国新能源乘用车消费市场的空间和前景还远未被充分挖掘。

由此可见,与此前新能源乘用车销量主要集中在一二线、限牌城市不同,如今新能源乘用车正逐渐向二三线和非限牌城市渗透。

(三) 混动"进击"还需过关斩将

插电式混合动力(Plug-in Hybrid Vehicle,简称 PHV)汽车,既有传统汽车的发动机、变速箱、传动系统、油路和油箱,也有电动车的电池、电机、控制电路。与非插电式混合动力汽车的区别在于,插电式混合动力汽车的电池容量比较大,且有充电接口。

2018 年,插电式混合动力汽车曾在整个中国汽车市场下行的情况下,交出了一份非常漂亮的成绩单:全年产销分别完成 28.3 万辆和 27.1 万辆,比上年分别增长 122%和 118%,市场份额占比达到了 21.58%。一时间,混动路线风头无两。

然而到了2019年，就在业内人士纷纷对这一细分市场投以期盼目光的时候，插电式混合动力汽车却迎来了高达两位数的降幅：全年产销分别完成22.0万辆和23.2万辆，同比分别下降22.5%和14.5%。

实际上，对于新能源汽车企业和消费者而言，如何在进行产品布局和市场选购时综合评判技术路线，一直是重要问题。随着中国新能源汽车发展进入结构调整期，无论是纯电动、插电式混动、混动还是氢燃料电池，都在不同层面上显示出潜力与问题同存。可以说，影响新能源汽车的未来不确定性因素还将层出不穷，评断最优技术路线尚需全面考察。

作为新能源汽车主要的技术路线之一，插电式混合动力能不能实现逆袭，还要看其能不能真正"过关斩将"。

首先是市场关。通过观察2019年插电式混合动力汽车的市场走势，可以看到：这一细分市场的走向基本上与新能源汽车整体大势一致。只不过，插电式混合动力汽车的起伏更大。

换言之，当整体市场向上时，插电式混合动力汽车冲劲十足，增长幅度更高；但当整体市场下滑时，插电式混合动力汽车的降幅也更大。例如，2019年全年，插电式混合动力汽车产销分别为22万辆和23.2万辆，同比分别下降22.5%和14.5%，远远高于整体新能源汽车市场的－2.3%和－4%。

业界认为，出现这一现象的原因在于：插电式混合动力汽车在私人消费领域的推广程度不足；而在商用车领域，诸如网约车等类型受政策的影响较大，往往会导致很大的市场波动。

其次是成本关。实际上，插混的成本问题是制约其在私人消费市场推广的重要原因。具体来看，插混系统同时拥有两套动力系统，成本自然比较高。而一旦电池成本下降到合理区间，插混的两套动力系统成本就会变得更加不划算。

从当前合资车企的产品布局可以看出，插电式混合动力产品确实面临成本偏高的难题，只有搭载在中高端产品上，才能更好地"消化"掉增加的这部分成本。

实际上，如今在中国汽车市场，合资品牌插混的市场份额及表现要明显强于自主品牌。数据显示，2019年，在合资品牌纷纷“进攻”插电混动车型领域的情况下，自主品牌的市场份额已经从2017年的98%下降到2018年的88%和2019年的58%。在2019年第四季度，自主品牌的插电混动产品份额更是降到了50%以下，甚至在40%左右徘徊，与传统燃油车的市场份额相近。

业界预估，未来五年，插电式混合动力汽车的销量会继续上涨，并在2025年达到峰值。2030年以后，随着纯电动技术逐步成熟，性价比将全面超越插电式混合动力汽车。

然而，在纯电动汽车续驶里程、充电便利性等问题没有得到较好解决之前，插电式混合动力仍是一种最好的过渡车型，尤其是在补贴退坡的背景下，纯电动汽车的优势开始下降，车企在纯电动和插电混动间的天平或将有所倾斜。

（四）“换道超车”需优化全产业链

面对汽车业百年大变局，中国汽车强国之路面临前所未有的机遇与挑战。从某种程度上来看，新能源汽车为自主品牌提供了更多的想象空间，但“换道超车”仍需要政策与全产业链的通力配合。

例如，进一步引导电动化转型，在公交、物流、出租等公务领域先行试点燃油车禁售，鼓励部分大气污染重点治理区域和新能源汽车普及率较高的城市优先试点燃油车禁售，明确网约车中新能源汽车比例要求。

再比如，鼓励支持核心技术研发，加大对高研发投入企业的税收减免力度，成立国家新能源汽车产业基金对产业链薄弱环节进行扶持；统筹政府、企业与高校等各方力量对电池材料、核心芯片等关键共性技术进行攻关。

此外，加强电池安全体系建设也是重中之重：利用大数据平台等建立预警机制，加强事前监管；建立动力电池全生命周期安全测试，加强事中监管；建立追责制度，加强事后监管。

与此同时，加快私人充电桩建设，鼓励推广社区智慧充电：充电难是限制新能源汽车发展步伐的重要因素。截至 2019 年 11 月，我国共计有公共充电桩 49.6 万根、私人充电桩 67.8 万根，距 2020 年目标完成率分别为 99.2%、15.8%，私人充电桩的建设远不达预期。

从上述问题中不难判断，新能源汽车市场未来的成长空间，依旧广阔。眼下的短暂波动——甚至是周期性波动，并不会影响市场的长线发展，所以任何车企都不应该丧失“押注”新能源汽车市场的长线思维。

只有紧贴市场的真实变化，作出快速而准确的反应，才是平衡长期收益与短期收益的良策。即使今时的增长阵痛，或短期增速的下滑，也是为了蓄力，能在未来跳得更高。不过需要注意的是，对于造车新势力来说，产品哲学始终要与行业发展规律相结合，而不是简单粗暴地进行“互联网思维式”的迭代升级。

四、水深火热，经销商的痛点与出路

1999 年 3 月 26 日，中国第一家 4S 店宣布开业。20 年后的今天，中国汽车商业可能又将迎来一个新拐点。

中国汽车流通协会发布的《2019 年全国汽车经销商生存状况调查报告》指出，2019 年，随着汽车消费市场出现持续下滑，传统经销商业务盈利能力下降，再加上市场竞争加剧、部分地区提前实施“国六”排放标准、新能源补贴退坡等一系列因素，大部分汽车经销商的生存状况受到了前所未有的挑战。

2019 年中国汽车经销商库存预警月度指数

1月	2月	3月	4月	5月	6月	7月	8月	9月	10月	11月	12月
58.90%	63.60%	55.30%	61.0%	54.0%	50.40%	62.20%	59.40%	58.60%	62.40%	62.50%	59.00%

数据来源：中国汽车流通协会

数据也佐证了上述观点。有调查显示，2019 年经销商总体满意度得分为 78.1 分，比去年下降 1.2 分；2019 年完成全年销售目标的经销商占比仅为 28.9%，另有 7.4%的经销商目标完成率在 50%以下；相比 2018 年，2019 年经销商的亏损面扩大至 41.0%，亏损比例大幅增加，而盈利经销商比例减少至 29.7%。其中，豪华/进口品牌 35.8%的经销商实现盈利，而自主品牌盈利经销商占比仅为 21.3%。日系品牌经销商中，43.1%实现盈利，25.9%的经销商出现亏损。

(一) 扩张与出局

事实上，当前的经销商正面临着和主机商一样的境地——市场分化严重。一边是体量较大的经销商，由于自身业务基盘、业务运营理念较成熟，对市场波动承受力较强，盈利能力一般较稳定；另一边则是基盘客户维护一般、用户运营体系较弱的经销商，在市场环境好的条件下可确保盈亏平衡或有小幅度盈利，但抗风险能力不足。

从经销商总量来看，2019 年全国经销商网络净增 380 家，增长 7%。在 2018 年至 2019 年期间，共有 2189 家经销商关闭了原代理品牌店面，部分经销商直接退网；另有部分经销商转换其他品牌经营。从细分品牌来看，豪华品牌与主流合资品牌在车市整体下滑的情况下，销量与经销商网络均保持稳定增长；平价合资品牌受长安铃木及法系、美系等品牌影响，网络变动率较高；捷达品牌为 2019 年全新入市的品牌，处于网络扩张期。

而自主品牌的经销商网络铺设却极不稳定。部分品牌，如 WEY、领克、捷途、威马、广汽新能源、比亚迪新能源等，正处于网络扩张期，新增经销商数量较多，但其他弱势品牌经销商网络稳定性较弱，退网数量近千家。

不过值得注意的是，2019 年上半年，由于“国五”车型清库，终端零售大幅让利，经销商亏损面达到历史最高值。但从下半年开始，终端零售折让幅度有所回调，同时豪华品牌整体走势较强，再加上部分高亏损品牌经销商陆续退网或切换其他品牌，亏损经销商占比由上半年的44%降至42%。盈利经销商占比较上年度回升1个百分点达到31%，但总量仍然不足1万家。

在盈利经销商中，15%的经销商盈利额不及去年同期；仅有10%的经销商盈利额度同比上年度呈现净增长态势，反映出经销商利润率逐年下降的窘境。

（二）集中与分化

在消费升级的利好拉动下，豪华品牌销量正向增长，豪华品牌经销商整体盈利占比回升到56%。雷克萨斯、保时捷、奔驰品牌经销商盈利状况较为稳定；宝马品牌在新车效应下，经销商盈利状况较上年度有所提升。

而小众豪华品牌的盈利占比仍然较低，亏损经销商主要缘于销量下降、售后服务毛利不能覆盖成本及费用支出、部分品牌经销商主动放弃批售，致使返利获得率大幅降低等。

同时，由于部分高亏损品牌陆续退出，自主品牌经销商整体盈利较上年度回升2个百分点，但从亏损经销商占比来看，态势依然最为严峻，亏损经销商比例高达53%，高于去年同期。

不过，和自主品牌销量份额持续向头部车企集中一样，盈利经销商亦主要集中于少数主流品牌。例如，定位中国高端品牌的红旗，经过近两年的持续发力，终端零售量接近10万辆，同比增长286%，经销商整体销售质量较高，盈利经销商比例达到68%；哈弗依靠单一SUV产品，销量逆市增长7%，经销商盈利占比41%；而承担着吉利“品牌向上”，定位年轻消费群体高端市场的全新子品牌领克，经销商盈利比例达到37%。

对此，有分析认为，经销商2019年遇到的经营困难和压力主要缘于市场环境差、库存压力大、市场竞争激烈、新车利润下滑、成本上涨导致盈利困难等。

（三）冲击与转型

2020 年伊始，面对“黑天鹅”疫情事件冲击，经销商们也在积极探索新的销售模式，这一点在抖音平台体现得尤为明显。

根据巨量算数发布的《2020 抖音汽车内容生态研究报告》，抖音汽车内容高消费群体已突破 2.3 亿，抖音汽车已经覆盖全网头部达人的 90%，共 143 家汽车品牌及 9 000 多家经销商认证抖音汽车蓝 V。

不难看出，建立在 4 亿日活跃用户的基础上，抖音汽车内容生态在疫情中迎来新高点，一方面释放了人们在特殊时期积累的汽车内容消费需求；另一方面更满足了创作者、汽车品牌及经销商的内容营销诉求。

而对经销商而言，抖音已成为线上营销的首选核心平台。数据显示，抖音开播的经销商数量、经销商直播的用户看播次数、看播时长、互动次数，在 2020 年 5 月较年初分别增长了 6 倍、41 倍、86 倍和 75 倍，逐步构筑从获客到最终订单实现的经销商直播营销闭环。

疫情的暴发，无疑正倒逼着中国汽车经销商迈入数字化、互联网化的发展新时期。

第五章　不进则退，谁能绝处逢生

从2019年开始，中国车市下行压力持续加大，行业分化趋势愈加凸显。迈向高质量发展，是这一时期中国车市的主题。一方面，规模大且善经营的企业，在低迷的市场环境下，凭着强大的抗压能力，市场地位得以进一步强化；另一方面，经营能力差、转型不及时、低端产能占比较重的企业则危机重重。

在从增量时代转向存量时代的过程中，国有企业、民营企业、合资和外资品牌与新造车势力代表企业各有难点和挑战。但可以肯定的是，在中国汽车产业发展的新时期，“不进则退”是摆在所有企业主体面前的唯一选择；不同的只是绝处逢生的路径、策略与信念。

一、国企改革提速，路径渐趋明朗

2016年年底，中央经济工作会议指出，要将混改作为国企改革的重要突破口。2018年，作为全球最大汽车市场的中国，汽车销量出现了近30年来首次下降。同年底，国家发改委颁布《汽车产业投资管理规定》明确提出，开展混合所有制改革，推动国有汽车企业与其他各类企业强强联合，组建具有世界一流水平的汽车企业集团。

2019年，车市在“寒冬”之中销量持续下滑，车企产能闲置和过剩的困局日益突出。同年，混改迎来了政策层面的细化。首先是2019年11月8

日，国资委发布了《中央企业混合所有制改革操作指引》；其次是11月11日，国务院国资委公布了央企控股上市公司股权激励新规，强化了正向激励导向，加大了授权放权力度，进一步明确了股权激励实施的规范性要求。

而对于国民经济的支柱产业而言，汽车业的国企改革也已是箭在弦上。

（一）改革步伐加快，可有最佳路线

对国有车企来说，用“改”求变宗旨一致，但路径有所不同。在中国，目前已有奇瑞控股、长安汽车、一汽集团一批企业率先试水。

奇瑞控股选择的是引入民营资本的改革方式。2019年12月，安徽长江产权交易所发布公告显示：青岛五道口新能源汽车产业基金企业（有限合伙）对奇瑞控股投资75.8亿元，持股比例30.99%；对奇瑞股份投资约68.6亿元，持股比例18.5%。此举意味着青岛五道口在奇瑞控股和奇瑞汽车的持股比例达到51%，成为控股股东。

一汽集团在过去一年的国企改革中迈了几个大步，可见其决心。2019年11月29日，一汽富维公告，其第一大股东一汽集团拟向亚东投资转让其合法持有的一汽富维2 538万股股份，股份转让实现后亚东投资持股16.55%，成为公司第一大股东。

作为一汽的全资子公司，一汽吉林采取了增资扩股的方式进行改革。2020年1月，一汽吉林汽车有限公司增资扩股签约仪式举行，山东宝雅将一次性出资15亿元，持有新公司70.5%股权，中国一汽持有新公司29.5%股权。山东宝雅擅长新能源汽车研发、电动汽车充电设备的研发和安装等业务，双方旨在各取所长、形成优势互补，将民营企业的活力和中国一汽的实力充分结合，推动新公司转型升级。

此外，“断舍离”式资源重组也是一种改革方式。

比如，一汽夏利选择了“谢幕”暂别。2020年6月，天津一汽夏利汽车股份有限公司披露《关于本次重组方案调整构成重大调整的说明》及《收购

报告书》等公告。公告显示，一汽股份拟将持有的一汽夏利的控股股权无偿划转给中国铁路物资股份有限公司。一汽夏利拟募集不超16亿元配套资金，交易完成后铁物股份成为上市公司的控股股东，拟认购募集配套资金总额不超过4亿元。

在长安汽车的混改实践中，也有“断舍离”的影子。2019年12月31日，长安汽车发布公告称，其前一天与深圳前海锐致投资有限公司签署《股权转让协议》，将所持有的旗下合资企业长安PSA（标志雪铁龙）50%股权全部转让给前海锐致，转让金额为16.3亿元。前海锐致是宝能汽车全资控股子公司。本次股权转让完成后，长安汽车不再持有长安PSA的股权。

业界认为，国企混改会给企业带来一系列变化。首先是改变股权结构。混改以后，股权结构发生变化，可能是国有资本占主导，也可能是民营资本占主导。其次是决策程序的改变。任何企业，不论是国企和民企，都有可能是一把手决断或者民主决策，但混合所有制以后，不可能“一个人说了算”，主要股东方都会参与决策。

最后是解决资金短缺。在企业盈利水平下降的情况下，混合所有制引入民营资本，将成为解决资金困难的有效途径。

（二）“混”只是手段，“改”才是目的

混改，是汽车企业改革中颇受关注的路径之一。混改的目标非常重。首先是企业发展动力得到重塑。比如，奇瑞是目前国内少数没有上市的汽车集团公司，通过增资扩股，奇瑞或将从新的投资方获得更多的金融资源和市场资源。业内有观点认为：新的投资方本身就是资本运作的高手，将有助于奇瑞控股和奇瑞股份未来登陆资本市场。

其次，通过“混改”，不同主体之间可以互补短板、实现共赢。比如造车新势力和传统汽车国企，各有优势，也各有短板：造车新势力虽有互联网思维，但很多没有资质、又缺乏造车经验；而传统国企有资质和工厂，但机制相对保守、产能利用率不足，双方通过混合所有制就可能实现最大程度的

共赢。

实际上，江铃集团、长安汽车、爱驰汽车混改的案例即是造车新势力和传统汽车国企混改结合的典型案例。2019 年 8 月，江铃集团、长安汽车、爱驰汽车三方联合达成的合资合作发布仪式正式举行。协议显示，新的江铃控股中江铃、长安、爱驰将以 25%、25%、50%的比例持股。央企、地方国企和造车新势力实现了首次融合。

对爱驰而言，此次合作可依托江铃雄厚的产业资源和营销渠道，取得大量供应商资源；对江铃而言，爱驰可为江铃带来电动化、智能化、网联化方面的技术，提升产品竞争力；对于长安汽车而言，合作将有利于促进在车型布局上的进一步优化。

但需要注意的是，改革模式是多样的，要根据具体情况作出有针对性的决策，混改只是汽车企业尝试变革的途径之一。面对当前跨国汽车企业联合协同的大趋势，中国汽车企业要由大变强，双方或多方积极进行战略合作的尝试，也是可行的操作。

例如，2019 年 12 月 23 日，上汽集团与广汽集团签署了《战略合作框架协议》，掀开了两大地方汽车国企全面开展战略合作的新篇章。据公布的战略协议内容来看，双方的合作主要体现在四个层面：

第一，联合开发在新能源、智能化、网联化、轻量化等领域的战略性核心技术。第二，共享在物流、汽车金融、保险服务、后市场领域、产业投资等方面的资源。第三，加强在汽车共享、出行服务、车电分离等新商业模式方面的研究与合作。第四，合力拓展海外市场。

车企“抱团”应对变幻莫测、日益激烈的市场竞争，在提升竞争力的同时降低成本。这样的合作模式，无疑也是国企改革之路上的有益探索。

（三）做强自主板块，直面市场挑战

2020 年《财富》世界 500 强名单显示，中国（含港澳台）共有 133 家企业上榜，是全球上榜公司数量最多的国家。这其中，共有 7 家汽车企业位

列其中(含长安汽车母公司)，分别为上汽集团、中国一汽、东风汽车公司、北汽集团、广汽集团、吉利控股集团、中国兵器装备集团(长安汽车母公司)，大部分都是国有企业。

与2019年相比，全球车企整体排位走弱、普遍下滑，这七家车企排名较去年同期也略有下滑。专家分析，全球汽车产业正在深度调整期，整体来说中国汽车企业保持了稳健的经营状态，展现了整个产业不断向高质量发展转型的向好趋势。

从行业的发展形势上看，中国汽车由高速增长转入高质量增长的新阶段。对车企来说，能够提供更优质的、更能满足细分市场的产品和服务变得更加重要。

目前，国有车企的经营状况参差不齐。有的国有汽车企业长期主要依靠合资品牌获利，自主板块多年来并未取得令人满意的进步。2010年，中国品牌乘用车的国内市场占有率为46.5%。但10年后的2020年6月，这个比例却降至33.5%，减少了13个百分点。这说明，中国本土品牌汽车整体竞争力出现下降。

早在2018年6月，中国就宣布了进一步开放国内汽车市场。根据开放时间表，2019年放开新能源汽车和专用车领域，从而有了特斯拉独资公司在上海的建立和江淮大众的组建；2020年放开商用车领域，四川现代汽车有限公司则于同年2月完成了股权变更，四川现代由此成为中国首家外商独资的商用车企业，这意味着中国商用车市场由自主品牌主导的竞争格局或将被打破。

不仅如此，预计到2022年，乘用车领域还将出现一系列股权变更事件。例如，宝马集团计划将其在华晨宝马的股份从50%提升至75%，双方已签署相关协议。

可见，2022年以后，中国汽车产业将逐渐进入“后合资时代”，还会有一部分跨国公司陆续提出控股诉求，甚至有可能寻求独资。对于过分依赖合资品牌盈利的汽车企业而言，或将迎来新的挑战。对此，国企必须瞄准目标，壮大自主品牌。

实际上，从 2020 年开始——即国企改革三年行动方案的第一年，国企自主板块频频进行策略调整，紧跟改革“风向标”。2020 年 4 月，东风汽车连续两则人事调整均涉及自主品牌——东风启辰和东风风神，被业界认为有望提升东风集团在自主板块的表现。东风启辰在 2018 年、2019 年的销量分别为 13.4 万辆和 12.3 万辆，两年分别下滑 6%和 8.6%。如何把东风日产的管理模式进一步复制到启辰、提升后者的竞争力是一大挑战。

不仅是东风集团，国内六大汽车集团均在自主品牌上进行了一轮新的管理布局。其中，在高端品牌的打造上更是步调一致。比如长安汽车即将推出全新的高端品牌；东风集团也表示已成立 H 品牌事业部，酝酿推出全新的高端品牌。目前，一汽着力打造的高端品牌红旗，销量已实现逆势增长。数据显示，2020 年 1—6 月，红旗累计销量突破 70 000 辆，同比增长 111%。

从长远来看，做强自主板块，无疑是中国汽车品牌直面市场挑战的一张“王牌”。

二、民营车企爬坡过坎，几家欢喜几家愁

从新中国汽车工业体系初步建立，到如今中国成为全球汽车产销第一大国，70 余年时间中，中国汽车产业从零起步、砥砺前行。特别是随着改革开放帷幕的拉开，给汽车市场注入了强劲的生命力，直接助推中国一跃成为各大跨国汽车品牌最庞大、最重要的市场之一。

归根结底，这些成绩的取得，离不开汽车生产制造主体的奋进与努力。其中，民营车企作为中国汽车产业自主创新的生力军之一，更是经历了跌宕起伏的发展历程，可谓风雨与荣光共存。

实际上，从第一批民营车企诞生开始，爬坡过坎的历程就一直未曾停止。早期没有准入资格的艰难、品牌弱小的先天缺失等，给初生的民营车

企带来了层层困阻；但即便如此，中国还是涌现了包括长城、吉利、比亚迪等一批有较强市场竞争力的民营车企，部分品牌甚至名扬海外。

在刚刚过去的2019年，受宏观经济下行、贸易摩擦持续、消费信心不足、“国六”排放标准提前实施、新能源汽车补贴大幅退坡等诸多因素影响，中国汽车市场需求低迷，连续多个月出现负增长。在此情况下，民营车企境遇如何，“大考之年”几家欢喜几家愁？

（一）“大考之年”的市场沉浮

2018年，中国乘用车市场销量2 371万辆，同比下降4.10%，这是自1990年来，中国汽车年度销量首次出现负增长。

如今销量的下行态势还在继续。据中国汽车工业协会发布的2019年全国乘用车销售情况，2019年乘用车共销售2 144.4万辆，同比下降9.6%。而2016年中国汽车产销均超2 800万辆，连续八年蝉联全球第一的光辉战绩，还犹在眼前。

时代浪潮之下，民营车企的命运牵动人心。

20世纪八九十年代，民营车企入场之前，中国乘用车市场价高利厚。一方面，消费者对汽车质量要求有限，更谈不上有所谓的品牌概念。另一方面，1994年发布的《汽车工业产业政策》规定了目录管理的准入机制。简言之，就是“没资质就没法造车”，中国汽车界并不具备百花开放的条件。

世纪之交时，合资车企纷纷涌现；而刚刚起步的民营车企却还在夹缝中生存：经验少、品牌弱，导致这批企业只能被迫瞄准合资品牌“不屑一顾”的低端车型市场。

直到2009年，金融风暴席卷全球、影响巨大。通用、福特、克莱斯勒三大汽车集团面临危机，全球汽车产业一片凋零。与此同时，中国车市却是“风景这边独好”，在汽车下乡、小排量购置税减半、以旧换新等政策组合拳下，国内汽车消费市场一片红火。也正是在这一年，中国汽车销量首次超过千万辆大关，同比暴增46.1%，一举超越美国、跃居全球销量第一。

在经历了“摸着石头过河”的阶段，民营车企也在这一时期紧紧抓住机遇，开始了自主正向研发、提升品牌向上的步伐。2010年，吉利正式收购沃尔沃，成为民营车企迈向国际化的标志性事件。同年，长城汽车进军意大利博洛尼亚车展，长城品牌受到国际关注；转年的9月28日，长城汽车在A股上市。而在同一时期，比亚迪汽车北美总部挂牌营业，全力加速电动车及新能源相关产品在北美的推广步伐。

直到2018年，高速增长多年的国内车市却突然按下了“慢进键”。究其原因，一是经济下行压力大，居民收入增长放缓，汽车市场需求不足。2019年中国GDP增速为6.1%，低于同期。从GDP增速与汽车销量增速的历史走势来看，汽车销量受GDP增速影响较大。收入群体收入降低，购车需求即会出现下滑。二是环境政策的优化调整。首先是部分省市开始提前实施“国六”燃油标准，在某种程度上给市场带来剧烈震动。无论是消费者、车企、经销商都在观望调整。其次，新能源汽车补贴政策调整的信号，也让生产企业开始着手重新部署技术和产品线。

在市场大环境下，民营车企选择了不同战略“过冬”。长城汽车进一步进行资产聚焦，电池业务、出行业务相继被剥离。比亚迪则发布三电技术平台“e平台”，借此有效降低制造成本、提升生产效率，降低对补贴的依赖。而吉利汽车并没有选择降薪、裁员、延期发放薪资等手段控制成本，而是采取了重组业务的模式。

（二）突破重围，民企各领风骚

1. 吉利：转型中走向国际

最初进入汽车市场时，吉利曾采用过借鉴模仿的模式，较为低端的品牌形象和不甚明晰的产品布局，并没有给吉利带来从合资车企中脱颖而出的实力。

2002年之后，吉利一直在做两件事：一是进行大规模人才培训；二是展开国际化发展路线，获取海外成熟的技术经验，借力优质品牌资源。就这样，从低端车起步，到如今坐拥三个品牌、30 多款整车产品，并将全球著名的沃尔沃品牌纳入麾下，吉利集团成功实现了“弯道超车”，走出了一条与众不同的民营车企发展之路。就在 2018 年，吉利汽车全年累计销量达 150 万辆，市场占有率大幅提升，实现了吉利汽车发展史上首次年销突破 150 万辆的里程碑式跨越，位居中国品牌乘用车销量第一。

然而车企寒冬还是来得太猛烈。仅仅只过了一年，2019 年全年吉利汽车自主品牌（吉利和领克）累计销量 136.16 万辆，较上年的 150.08 万辆下降了 9.3%。而吉利汽车为 2019 年制定的销量目标就是 136 万辆，最终吉利以超出 1 560 辆的成绩压线及格。从财务状况来看，吉利汽车全年营收总收入为 974 亿元，同比下滑 9%，归属于股权持有人净利润为 81.9 亿元，同比下滑 35%。

除了大环境因素外，利润下滑的很大一部分原因是研发费用的激增。据悉，吉利汽车 2019 年研发成本为 30.67 亿元，同比增长 59%。这笔研发费用主要是用于研发新车型、动力总成以及新能源汽车技术。这一研发投入占比，在国内自主品牌车企中处于领先位置，也与国际主流品牌的研发平均水平相当。

研发是重要且必要的，也是支持吉利每年 4～6 款新车投放市场，以及 CMA 平台下领克品牌一系列新车型投产的有力依托。在多年的经营布局下，吉利汽车已经形成 BMA、CMA、SPA 及 PMA 四大全球化基础模块架构，形成了对纯电动汽车、混动汽车、燃油汽车的全覆盖。

虽然国内车市已经结束了高速增长态势，但吉利汽车一直保持着战略定力，并表现出较强的抗风险能力，市场占有率也从 2018 年的 6.2%提升至 2019 年的 6.5%。2017 年，吉利与沃尔沃合力打造的中国高端品牌“领克”迅速成为全球运动豪华车市场现象级的存在，并在 2019 年实现终端销量同比增长 29%。

吉利汽车的抗风险能力，与旗下车型平均售价持续呈高位密不可分，带动了单车盈利能力的提升。数据显示，吉利汽车的产品矩阵中，10 万元以上车型销量占比超39%,相当于在7年间翻了10倍,成为吉利主销价格段,领克等拥有高溢价能力的车型销量占比更是持续提升。在某种程度上,这也说明在起步之初瞄准低端市场的民营车企,终于有实力在中高端汽车市场中占据一席之地了。

稳字当头之外,技术和品牌也是吉利未来制胜的两大关键抓手。

新能源技术方面,2019 年吉利汽车引进了更多具备竞争力的新能源汽车产品:帝豪 EV、帝豪 GL PHEV、帝豪 PHEV 和帝豪 GSe 等车型,占据了吉利新能源总销量 73%,全年总销量达到 113 067 辆,同比增长 66.5%,成为吉利高质量增长的新动能。在品牌构建方面,吉利汽车在海外的品牌形象和影响力不断提升。其中,吉利汽车在 2019 年出口量累计 57 991 辆,同比增长 110.6%。

2. 比亚迪:补贴退坡,何以突围

比亚迪在 2019 年开局赢得满堂喝彩。2019 年上半年,比亚迪累计销售新车 228 072 辆,同比增长 1.59%。其中新能源车型销量占比在六月份达到了 64%。作为掌握新能源全产业链核心技术的企业,纯电动汽车更是成为比亚迪在 2019 年上半年的主力增长点,12.7 万的销量相比 2018 年上半年增长了 3 倍之多。

但从 2019 年下半年开始,比亚迪的新能源汽车发展面临变数。根据财政部、工信部、发改委、科技部联合发布的《关于进一步完善新能源汽车推广应用财政补贴政策的通知》:地方应完善政策,过渡期后不再对新能源汽车(新能源公交车和燃料电池汽车除外)给予购置补贴。通知明确新的补贴政策从 2019 年 6 月 26 日起开始正式实施。

补贴政策"余温未凉",为短期内提振新能源汽车市场提供了动力,而比亚迪为了安抚消费者、提振销量,也在行业内率先宣布"保价":比亚迪承诺截至 2019 年 10 月 31 日,消费者购买全系新能源车,依然能享受 2018 年补贴政策。这一系列举措虽然在短时间使得新能源汽车销量实现高速增长。但在后补贴时代,中国新能源汽车产业的未来仍然充满未知。

财报显示，2019 年比亚迪营收 1 277.39 亿元，同比下降 1.78%；归属于上市公司股东的净利润 16.12 亿元，同比下滑 42.03%。

目前，新能源汽车已经成为比亚迪最核心的业务板块之一，所以一旦政策波动、市场下行，比亚迪尽管持续通过技术提升来降低成本，也很有可能会陷入增收不增利的窘境。

从销量数据来看，2019 年比亚迪累计销量为 46.14 万辆，同比下滑 11.39%。其中，燃油汽车销售 23.19 万辆，同比下滑 15.02%；新能源汽车销售 22.95 万辆，同比下滑 7.39%。销量支柱的比亚迪新能源，在 2019 年居于“次席”。

内有政策销量之忧，外有“强敌”环伺。

2019 年以来，以丰田、日产、宝马等为代表的传统跨国车企，一改前几年的观望态势，大踏步进军中国新能源汽车市场，纯电动更是重点关注的领域。这同样给以比亚迪为代表的中国新能源汽车企业带来不小的压力。

2019 年宝马新能源汽车在中国市场取得了不错的成绩，在华交付量为 5 万辆，同比大增 34.1%。特斯拉 Model 3 在 2019 年正式投放中国市场，尽管全年交付达仅有 3.4 万辆，但坐拥新能源车补贴和免购置税的待遇，再加上品牌溢价能力凸显的特斯拉，仍然给比亚迪乃至中国新能源车企带来了不小的影响。在全球范围内，2019 年特斯拉以 36.75 万辆的销量成绩，问鼎当年的全球新能源汽车销售冠军。

前路艰险，未来比亚迪凭什么突围？

一是加大研发力度。其中，比亚迪蓄力最久的“刀片电池”被给予厚望。据悉，这一有异于传统电池包的新型无模组电池包，其刀片形状的电池单体可直接安装在电池包内，不仅降低了制作难度、组装复杂度、生产成本、重量和故障率，还提升了电池包的能量密度和安全性。据了解，刀片电池将在比亚迪汉 EV 车型上搭载应用，该车型综合续航里程可达 605 公里，百公里加速时间 3.9 秒。

二是积极拥抱合作。2019 年 11 月 7 日，丰田与比亚迪就合资成立纯电动车研发公司达成协议，新公司将于 2020 年在华成立，丰田与比亚迪各自出资 50%。这次丰田汽车与比亚迪的合作之所以值得重视，是因为从产品到技术都是双方共同开发，甚至在电池技术等环节，比亚迪要起到更大的主导作用。

3. 长城：逆势微增，出路在哪

从 2005 年到 2017 年，长城公司营收一直处于增长态势。在此期间的年复合增速高达 31.2%，2017 年营收更是突破 1 000 亿元。

2019 年长城汽车实现营业收入为 964.55 亿元，上年同期为 992.3 亿元，同比减少 2.8%；归属上市母公司股东净利润为 44.93 亿元，较去年同期的 52.07 亿元，同比下降 13.73%。

从销量数据上来看，2019 年，长城汽车全球累计交付新车近 106 万辆，在车市下行压力下，仍实现同比 1.43%的增长率，并连续四年销量突破百万辆。从细分市场销量数据来看，在长城汽车的四大整车品牌中，SUV 阵营中的哈弗品牌销量同比增长 0.44%至 769 454 辆，到 2019 年，连续十年蝉联中国 SUV 销量第一，目前全球销量已经累计超过了 600 万辆。欧拉品牌的进步堪称飞速，2019 年以同比大涨 184.85%的成绩创下了所属细分市场销量增速第一的纪录。

在销量增长的情况下，为何长城汽车的营收却在降低?

其中最重要的原因是：高价车型的销量占比下滑，价格战导致单车利润下滑。2019 年上半年长城汽车开展的一系列让利活动，也让每辆车的单车售价有所下滑。相比 2018 年的 86 891 元，2019 年长城汽车的单车售价同比下滑 5.4%。

近两年，长城汽车在车企寒冬来临的前夜都做了哪些工作?

一是利润结构的多元化。

2018 年，长城控股旗下的蜂巢易创、精工汽车、诺博汽车系统、曼德电子电器四大零部件公司便实现了独立运营，助力长城汽车自有零部件供应链体系实现从业务管控到投资管控的转变，也令其利润结构更为多元。数据显示：2019 年，长城汽车零部件及其他收入达到 88.57 亿元，同比增长 42.78%。

此外，长城汽车股份有限公司董事长魏建军所言的“全球化是中国汽车企业的唯一出路”音犹在耳。2019 年，长城汽车全球化战略全面进阶，海外业绩表现强劲，营业收入达到 55.22 亿元，同比大涨 66.61%。

在全球化布局中，长城汽车还收获了两大成果。其一，在 2019 年 6 月时建立了长城汽车俄罗斯图拉工厂，为中国汽车品牌在海外的首个全工艺独资制造工厂；其二，同年 8 月建立了长城汽车重庆智慧工厂，其将依托川渝经济带的物流大体系及浓厚的汽车产业氛围，助力长城汽车开拓亚欧市场。

二是以科技创新作为企业的驱动力。

2019 年，长城汽车的研发费用达到 27.16 亿元，相比 2018 年 17.42 亿元同比增长 55.8%。在 2019 中国国际数字经济博览会上，长城汽车展示了 L4 级别的城市自动驾驶、5G 远程无人驾驶、全自动代客泊车等前瞻性的智能驾驶技术体验，以及一系列智能互联、数字交互领域的成果。而在核心技术领域，凭借着在技术研发上的“过度投入”，长城汽车成为国内屈指可数的完全掌握发动机、变速箱核心技术的车企之一。

三是着力提升全球化品牌价值。

长城汽车与宝马集团合资的光束汽车项目。这个项目是宝马在全球范围内首个纯电动车合资项目，建设规模为年产 16 万辆燃油乘用车全出口制造及纯电动乘用车研制，未来宝马集团旗下 MINI 品牌纯电动汽车以及长城汽车旗下新产品均将在此投入生产。

（三）沧海横流，方显英雄本色

对于中国的民营车企而言，这是最好的时代，也是最坏的时代。有能力者方能破局，扶摇而上。

自 2001 年底中国加入 WTO 后，世界上各大汽车公司悉数进入中国汽车市场，竞争异常激烈。吉利、比亚迪、长城这三家民营车企为市场而生，顽强拼搏，在竞争中脱颖而出。

根据乘联会 2019 年狭义乘用车市场销量 TOP10 车企排名，吉利稳居第 4 名位置，并再次荣登自主品牌第一。这已是吉利连续三年位居自主品牌第一。而长城在本土民营汽车企业中排紧随其后。

民营车企的优势逐渐显现、实力日益壮大。民营车企在实现汽车强国战略的作用日益突出。当前中国车市已进入存量竞争，不再一味追求粗犷式发展，只有产品力、品牌力过硬、定位准确的企业才能在大浪淘沙中生存下来，并且有能力去抢占更多的市场份额。

此外，奔驰、宝马、丰田相继宣布与民营车企吉利、长城、比亚迪成立合资公司，在这三个合资项目中，外资品牌没有固守过去的合作伙伴，而是选择了三家新兴兼具实力的中国民营汽车企业进行合作。

沧海横流，方显英雄本色。当初跌跌撞撞，如同野草一般野蛮生长的民营车企，如今已崛起成为中国汽车产业当中的重要力量。无论是吉利、长城还是比亚迪等，这些民营车企推出高端产品、收购外国品牌、走向全球，一步步以行动向世界证明中国汽车产业的实力。随着汽车市场的不断开放，民营车企也将以“缔造者”的身份，成为中国汽车工业发展中的典型范本。

三、合资与外资品牌，重新定位中国市场

在中国汽车工业尚处于启蒙阶段时，合资品牌无论是在培育市场方面，还是助力中国零部件供应体系的配套升级方面，抑或在汽车人才队伍的培养上，都或直接或间接地为中国汽车业的崛起的壮大，贡献过一份力量。

在此期间，中国汽车产业完成了从无到有、从“手工作坊”到规模化生产的巨大飞跃。然而近几年，在整个汽车产业的变革浪潮中，外资与合资品牌车企逐渐暴露出一系列新问题，走到了发展的“十字路口”。

（一）“外来者”的十字路口

1983年，上汽和德国大众的合资企业——上海大众下线第一辆桑塔纳轿车，开启了中国汽车产业第一轮合资浪潮。1984年1月到1985年7月，中国第一批合资轿车企业——北京吉普、上海大众、广州标致相继成立。

随着中国加入WTO，汽车市场开始了井喷式发展，主要跨国汽车公司，几乎都在中国成立了合资企业，中国也逐渐发展成为多数跨国汽车企业在全球的最大市场。

然而到了2018年，中国汽车产业结束了持续多年的高速增长阶段，这也是近20年来中国车市销量首次出现下滑。这场寒冬并没有因下一个春天的到来有丝毫缓和。2019年，主流合资厂商累计综合销量248万辆，同比下降7.1%，市场份额则从2018年的50.1%降至48.8%。即便是销量名列前茅的合资车企也面临着巨大压力。

数据显示：2019年国内乘用车市场累计销量为2 069.8万辆，而销量跌幅超50%的车企名单中，不乏一些颇有名气的合资品牌。

其中，长安福特的销量与2018年相比跌幅超过51.8%，这家28个月没有推出全新车型的合资车企，2019年全年销量只有20万辆左右，与2016年96万辆的销量成绩相去甚远。

此外，2019年北京现代累计销量71.6万辆；东风悦达起亚在华仅售28.98万辆(其中海外市场销售3.1万辆)，在中国市场的影响力日渐甚微；同样遭受销量“腰斩”的还有神龙汽车和广汽菲克。原本神龙汽车设定的2019年销量目标是23.5万辆，相比2018年的销量目标47.6万辆骤降50%。但即使如此，神龙汽车在2019年最终的成绩单却仅有11.35万辆，只达到了最初目标的48.3%。而广汽菲克自2018年开始已连续31个月出现销量下滑，2018年全年累计销量不足13万辆；到了2019年广汽菲克销量再次腰斩，全年累计销售7.4万辆，可谓十分惨淡。

除了销量下行压力陡然增大，经历了几十年激荡风云的合资和外资品牌汽车如今还展现出了与往年不一样的状况。比如，跨国车企与国内品牌频频“握手”、共图发展。北汽与戴姆勒双向股权变更频繁，放开合资车企股比摆在了台面上；长城和宝马的联姻一度成为舆论焦点，等等。

实际上，“外来者”的命运跌宕和战略转变早有预兆。从历史上看，当年首批三个轿车合资企业最后出现了三种命运：广州标致已经退出历史舞台；北京吉普的越野情怀意义更胜过市场份额数据；只有上汽大众至今保持着市场领先的位置，但在 2019 年也由于帕萨特等明星车型质量问题频发而饱受争议。

铃木汽车算是较早进入中国市场的“外来者”，它于 1984 年首次向中方提供技术支持，1993 年与长安汽车合资成立长安铃木；1995 年与昌河汽车合资成立昌河铃木。

而 2018 年，昌河铃木的日方股东铃木将所持有的全部股权，转让给昌河汽车；另一家合资公司长安铃木也在当年 9 月份退出了中国市场。这家全球范围内最具竞争力的经济型轿车制造商，成为第一个正式退出中国市场的日系品牌。

冰冻三尺非一日之寒。铃木“败走中国市场”其实早有预兆，“分手”的传言，早从 2016 年底就已经传出。销量说明了一切，2017 年全年长安铃木在中国只卖出了 8.39 万辆汽车，2018 年开年依然延续这一颓势，一季度销量仅为 1.3 万辆，这一年最终只售出 5.67 万辆。

而另一位外来者菲亚特则经历了两次在华溃败。2007 年 12 月，维持了 8 年的南京菲亚特合资公司宣告解体，菲亚特以 1 欧元的象征性价格转让了所持有的南京菲亚特的全部股权。时隔 3 年，2010 年 3 月，菲亚特二次入华，但情况依旧不容乐观。2014 年菲亚特的年销量一度逼近 7 万辆，而 2016 年的年销量直接滑落至 1.27 万辆。2018 年 1 月至 4 月菲亚特旗下的菲翔和致悦两款国产车总销量仅为 90 辆。

2020 年 4 月，东风和雷诺签署协议，雷诺将持有的东风雷诺 50%的股份转让给东风集团。东风雷诺停止雷诺品牌的相关业务，标志着雷诺汽车退出了中国乘用车市场。

在此情况下，站在十字路口的“外来者”们，该如何应对？

（二）从“被偏爱”到“口碑危局”

除全球经济下行等宏观因素外，影响合资品牌在华市场发展态势的原因之一，是中国对于汽车产品关税的调整。

在持续迈向开放的政策信号下，过去三十年间，中国进口汽车关税逐渐下调，2006 年 7 月 1 日起，中国汽车进口关税从 28％的税率下调到 25％。2018 年《国务院关税税则委员会关于降低汽车整车及零部件进口关税的公告》表明：自 2018 年 7 月 1 日起，降低汽车整车及零部件进口关税。这意味着跨国公司通过进口渠道向中国市场销售新车的成本降低，无疑给合资品牌带来了不小的压力。

除了关税下调，外资股比限制的取消也让诸多合资品牌紧张不已。中国曾于 1994 年发布了《汽车工业产业政策》，要求外资在华生产销售汽车必须通过合资公司的形式展开，并提出“合资汽车公司外方占股不能超过 50％”。

而到了 2018 年 4 月 17 日，国家发改委表示即将取消专用车、新能源汽车外资股比限制；2020 年取消商用车外资股比限制；2022 年取消乘用车外资股比限制，同时取消合资企业不超过两家的限制。这意味着外资整车企业被允许在与中国品牌的合资公司中拥有更多的控股权，甚至可以以独资的方式进入中国。

政策出台后，特斯拉成为“第一个吃螃蟹”的车企。2018 年，特斯拉与上海市政府签订协议，宣布特斯拉中国工厂在临港落户。根据协议，特斯拉公司将在上海自贸区洋山保税港区内独资建设集研发、制造、销售等功能于一体的特斯拉超级工厂。如今，国产特斯拉已经登陆中国汽车市场。

未来是否还会有更多“特斯拉”来华独资建厂尚不可知。但不可否认的是，随着中国对外开放的大门越开越大，消费市场的竞争格局越来越激烈，正在倒逼着合资车企在研发、精益生产、品质控制、经销商管理、售后服务等方面进行全方位变革。

其次，合资和外资品牌自身发展过程中也存在着诸多问题。

一是质量问题频发。2019 年，国家市场监督管理总局发布汽车相关召回公告共 170 个，涉及 65 家车企的 230 余款车型，召回总量为6 762 039 辆。其中，德系车召回的总数甚至相当于部分一线车企全年销量数倍。华晨宝马在 2019 年底宣布扩大宝马 3 系的召回范围，召回车型数量高达 312 281辆，涉及 6 个年款的车型；广汽本田宣布，决定自 2019 年 8 月 30 日起，召回 2017 年 7 月 25 日至 2019 年 8 月 7 日期间生产的装备 1.5T 涡轮增压发动机的部分国产雅阁汽车，共计 222 674 辆。

其中，断轴门、气囊门、机油门是召回的主要原因。“断轴门”的代表车企就是北京奔驰。奔驰“断轴门”事件在 2018 年 7 月开始并持续发酵，有多位奔驰 GLC、奔驰 E 车主控诉其新车行驶不过数千公里就出现故障。

从 2018 年 1 月份开始，由东风本田 CR-V 引发的汽油稀释机油、导致发动机机油液位增高的所谓“机油门”事件持续发酵，几乎蔓延至本田全系车型。

而作为独资品牌的特斯拉，实际上也是问题重重。2019 年 4 月 21 日晚间，上海徐汇区裕德路泰德花苑小区地下车库内，一辆停放的特斯拉白色轿车突然冒出白烟，紧接着发生爆炸和起火燃烧，而从大量冒烟到爆炸仅仅用时 3～4 秒。但是直到 6 月 28 日，特斯拉才公布了调查报告，并称没有发现系统缺陷，初步判断事故是由单个电池组故障引起，电池包安全系统符合设计预期。事故的发生给不少消费者带来极大恐慌。

二是自身定位混乱。以退出中国市场的铃木为例。多年来，铃木一直没有在国内推出新车型，而是依然沿用老旧型号。此外，铃木的车内空间较小，性能配置也没有根据时代背景和市场需求及时更新换代。随着中国消费者对于汽车需求的提升，舒适性、操控性和驾驶感等特性已经成为优先选项，而铃木的滞后态度和定位，必然无法获得市场青睐。

三是外部“围剿”。2019 年，尽管自主品牌总体销量有所下滑，但一部分优质品牌依靠着过硬的核心技术、产品质量和品牌影响力，已经给外资品牌带去了一些压力。论产品力，在 A 级轿车和 SUV 市场，自主品牌几乎对合资品牌形成了对垒之势；论价格，帝豪等车型的成交价格已经与桑塔纳和捷达持平。

（三）痛则改之，穷则思变

对于外资品牌而言，积极应对便是自救。从目前在华市场的外资和合资品牌来看，具体举措主要包括入场新能源、迎合中国市场需求两方面。

一是入场新能源。

外资和合资品牌在中国新能源汽车市场的新一轮布局，与改革开放初期有着非常大的不同：即从原先单纯以市场换技术，逐渐转变为当下的互利共赢。

早在 2013 年，中国就开始大力支持新能源汽车产业发展。当时，一批自主品牌抢占先机，大力布局新能源汽车产品线。凭借新能源汽车拉动销量，北汽新能源、比亚迪等车企取得了不错的成绩。2017 年，北汽新能源、比亚迪与特斯拉位列全球新能源汽车销量前三名。

但面对“双积分”政策的倒逼压力以及中国庞大的新能源汽车市场潜力，外资企业纷纷行动，与中方合作伙伴携手入局新能源汽车市场。大众和江淮、众泰和福特、长城和宝马、江铃和雷诺等都先后正式宣布了各自的合作意向及规划。

2017 年 12 月 22 日，大众汽车与江淮汽车共同合资组建江淮大众汽车有限公司。从 2017 年江淮大众成立，2018 年 4 月江淮大众旗下的纯电动品牌思皓发布，到 2019 年 9 月 28 日思皓首款车型 E20X 公布售价，国内第一家专注于新能源汽车的合资企业的首款新能源合资车型诞生，江淮大众是首尝螃蟹者，这就意味着，其合资模式需要“摸着石头过河”。

2019 年 11 月 29 日，宝马集团和长城汽车合资的光束汽车项目在江苏省张家港市正式启动。光束汽车张家港项目总投资 51 亿元，年标准产能 16 万辆。与多年前的合资模式不同，光束汽车是合资双方共同研发，并不是像以往拿来外方产品直接投产。双方将联合研发和生产 MINI 纯电动车及长城汽车旗下新产品。

二是迎合中国市场需求。

以在华独资品牌特斯拉为例。2019 年 11 月，国产特斯拉 Model 3 正式抵达全国门店，而尾部的“特斯拉”中文车标引起了一阵热议：一向“高冷”的特斯拉为迎合中国市场做出了尝试。在车载娱乐系统上，特斯拉还首次在车辆上提供颇受中国消费者喜爱的网络游戏——在线麻将和扑克牌游戏。

（四）面对未来，何以自处

从中国汽车市场几十年发展历程来看，合资品牌一直占据大半壁江山，甚至在很长时间内主导着国内市场的走向。股比限制放开后，业界和舆论一直关注的问题是：会不会有更多“特斯拉”来到中国？跨国车企在面对合资和独资两个选项时，到底会如何选择？

然而，并不是每一个外资品牌都能像特斯拉一样畅通无阻。作为有史以来外资在上海的最大一笔制造业投资项目，特斯拉从签约、拿地到开工只用了半年时间。在中国开放大门越开越大的背景下，特别是上海着意引进创新“鲶鱼”的考量之下，特斯拉实属特例。其次，“外来者”的优势在于拥有全球领先的车型产品。但另一方面，中方在本土市场需求分析、经销商网络拓展、市场推广、品牌本地化等领域，依然发挥着不可替代的作用。

可以预判：会有一部分跨国车企适当提高持股比例，以增加在合资公司的话语权，但贸然“单打独斗”相当于放弃了中方这样的“领路人”，如何规避沿途雷区将成为大问题。

此外，从趋势来看，未来外资品牌将更加注重在华市场的新能源车产品布局。

这是因为，一方面，传统高油耗、大排量的燃油汽车虽利润丰厚、难以割舍，但在国内"双积分"等环保政策的倒逼作用下，外资品牌车企急需积分补上欠债。另一方面，虽然从销量来看，自主品牌目前仍占据新能源汽车市场的优势地位，但是随着外资品牌的持续发力，高歌猛进的自主品牌新能源汽车或将遭受阻力。

以日系车为例，掌握着成熟三电技术的日系阵营，想要转型新能源领域可谓占尽优势——尤其是在插电混动方面。比如，三菱早在 1960 年就已经开始了纯电动车型的开发，并将重点放在马达和蓄电池上。有着成熟的油电混合技术作为基础，日系可以产出真正节能环保、经济省油的插电混动车型，而这也是当前消费者所需的产品。

从各大合资品牌发布的规划来看，新能源汽车产品将在 2020—2025 年间密集推出。这意味着，真正的白热化市场竞争即将开始。

这同时说明："挂一个洋标签，穿着中外合资的'马甲'就能躺着赚钱的时代已经过去了。"中国汽车产业已经进入一个发展的全新阶段，对于跨国车企来说，调整发展战略的重要时刻已经到来。合资和外资品牌车企想要在激烈的市场竞争中占据一席之地，必须提升核心技术水平，加强品牌建设；更重要的是，要认真倾听中国消费市场的需求和呼声。

四、新造车势力艰难前行，出口在哪里

自 2014 年起，造车新势力们接连登场，在资本巨量涌入与政策大力扶持的 5 年间，一度出现百家竞技的场面，为中国经济的发展与科技的创新注入新鲜活力。

高歌猛进的背后，往往暗藏危机。时间来到 2019 年，这一年，造车新势力们内外交困。首先是外部环境恶化：经济寒冬来临，投资锐减，多数新

势力融资失败,面临资金链断裂的威胁;国内传统车企入局新能源汽车,以雄厚技术及资本,占领绝大部分市场,特斯拉也以独特风格,强势进入中国,掀起购买热潮。其次,政策接连转变,政府补贴连续第3年退坡,新能源的价格优势进一步减弱,“双积分”政策激励效果未明。最后,造车新势力自身也问题重重,在量产交付、自主技术、安全、售后等方面颇受诟病。

可以说,2019年造车新势力们经历“生死存亡”,百余家仅余十几家。不过,大浪淘沙下,新能源汽车市场将进一步规范,社会资源将被重新配置,造车新势力们也将迎来新的机遇与新的挑战。

(一)入局:百家入局,仅余几家

1. 造车运动,泥沙俱下

2014年被认为是中国造车新势力诞生的元年。小鹏、蔚来、威马、车和家(理想汽车的前身)等数十家造车新势力,都是在2014—2015年间创立。

此后,互联网、房地产巨头纷纷跟进。2017年3月,百度和腾讯一起领投了蔚来汽车的C轮融资;11月,百度又领投了威马汽车10亿美元的融资;随后,阿里战略投资小鹏汽车交割完毕,占股10%。至此,互联网老牌三巨头全部进入新能源汽车领域。房地产巨头方面,2018年,万通地产曾拟以31.7亿元收购星恒电源,不过遭遇上交所问询,最终终止收购。同年,恒大以144.9亿元成为广汇汽车的第二大股东,获得其40.96%的股权。

究其原因,皆因新能源汽车代表着中国汽车制造产业的战略方向。在企业巨头入局引领下,一时间,国内涌现出百余家造车新势力。数据显示,从2015年至2017年上半年,国内共有超过200个新能源汽车整车生产项目落地,涉及投资金额1万多亿元,已公开的产能规划达到2 124万辆。

在2019年,“热钱”涌入放缓,互联网新贵则持续加入“混战”。8月,美团创始人王兴领投了近3亿美元给理想汽车,随后,字节跳动跟投3 000

万美元。然而，多数造车新势力并未能完成融资目标，导致创始人只得自掏腰包。

新建企业数量庞大，却暗含着泥沙俱下的危机。首先是资质问题。目前只有15家企业获得了新能源汽车生产资质，其他新势力只能通过入股等方式来合作产车。其次是交付能力不足，拿到生产资质的新势力汽车企业中，已经实现量产交付的仅有几家。最后是资金链不稳定的问题，突出表现在争先入局的房地产巨头身上。比如，2019年富力集团参股了华泰汽车的项目。要知道，截至2019年3月底，富力的资产负债率为82.04%，较2018年底上升了2个百分点。在这种背景下“负重”入局新能源汽车行业，很难判断其未来前景。

在“烧钱”与交付的双重压力下，2019年，昔日的百家已散去，新能源汽车行业更深度的洗牌已经开始。

2. 传统车企大象转身，特斯拉“鲶鱼”入海

除了造车新势力内在问题，其外在环境也不容乐观。

首先是传统车企的竞争实力不容小觑。据乘用车市场信息联席会数据统计，2019年1—9月，纯电动车TOP10厂商中，传统自主品牌新能源车占据7席，名次从高到低依次是，比亚迪、北汽新能源、吉利汽车、长城汽车、江淮汽车、长安汽车、奇瑞汽车。而2019年我国新能源汽车销量为120.6万辆，造车新势力的销量占比极低。

其次是跨国车企巨头的“虎视眈眈”。从2019年下半年开始，中国加大了对外资车企的开放程度。10月，国务院提出要优化汽车外资政策，保障内外资汽车制造企业生产的新能源汽车享受同等市场准入待遇。在此背景下，中国市场成为跨国汽车巨头角逐的新赛场，统一赛道上，本土造车新势力备受冲击。

虽然在新能源汽车领域，我国的自主品牌抢先开跑，但长期以来，高端车市场一直被传统跨国车企占据，其在资金、技术和品牌上具有更大优势。更何况，如今的跨国汽车还采取强强联手的方式。比如，2019年11月，奔驰 EQC 和奥迪 e-tron 先后在中国上市，宝马 ix3 也计划于 2020 年在沈阳开产，争取年底上市；大众与福特则在电动汽车和自动驾驶领域达成联盟。

当然，其中的佼佼者当属特斯拉。

2019 年，特斯拉在中国“好运”爆棚，先是上榜第二十六批免征车辆购置税的新能源汽车车型目录，随后在工信部 11 月公告的第 325 批批量许可目录里拿到了在中国生产落地的许可证，最后又在《新能源汽车推广应用推荐车型目录》中出现，其中国制造的 Model 3 可以享受国家新能源汽车补贴。

有数据显示，2019 年，特斯拉在中国的注册用户已达到 4.2 万，超过了我国本土前几位新势力用户的总和。

不过，特斯拉的“鲶鱼”作用也不容忽视，将迫使中国本土新势力加速洗牌。大浪淘沙，唯有真正提升自身实力、掌握核心技术、打造品牌效应的新势力，才能存活下来。

（二）困局：量产困顿，烧钱不止

1. 量产交付困难，资本势力转移

早在 2018 年，部分新势力已经陆续承诺交付车辆，并不约而同地把门槛定为“1 万辆”，但当年仅有蔚来汽车一家完成目标，威马汽车在 2019 年 3 月踏过门槛，小鹏汽车则在 2019 年 6 月实现承诺。基于 2018 年的交付拖延，2019 年成为新势力们的交付大年，但现实依旧比想象残酷。

2019 年，蔚来汽车目标销量是 4～5 万辆，实际交付新车 20 565 辆，是国内造车新势力中交付量唯一破 2 万的新势力，稳坐第一把交椅；威马汽车目标销量 10 万辆，实际交付新车 16 876 辆；小鹏汽车目标销量 4 万，实际交付新车 16 609 辆。紧随其后的是交付约 1 万辆的合众新能源、以及分别交付约 1 千辆的零跑汽车和理想汽车。可以看出，造车新势力的梯队已逐渐成形，品牌分化正在加剧。

第一梯队为蔚来、威马、小鹏，它们在 2019 年已经实现交付并具有持

续、稳定交付的能力，市场热度与品牌效应渐渐发力；第二梯队为理想、零跑、合众等，它们虽然已经交付，但量少且不稳定。除了理想汽车外，其他品牌知名度也不够高。第三梯队则为博郡、拜腾、前途等，它们的交付遥遥无期，同时还面对资金链断裂的威胁。而剩下的大部分造车新势力，基本在 2019 年销声匿迹，查无此车了。

除了交付困境，新势力们还面临融资难的问题。

2019 年资本迎来寒冬，对造车新势力的态度出现了 180 度大转弯。事实上，多数造车新势力均未完成年初制定的融资目标。即便身处第一梯队，已实现量产交付的蔚来，在 2019 年的实际融资金额为 44.8 亿元，仅完成目标的 21.7%。小鹏、威马、零跑等实际融资数额也与目标相差甚远。

融资难背后，是造车新势力们的持续“烧钱”。蔚来汽车 2019 全年总收入为 78.249 亿元，同比增加 58%，净亏损为 112.957 亿元，同比增长 17.2%。理想汽车 2019 年的总收入为 2.844 亿元，净亏损约为 24.38 亿元。

由于融资不顺利，蔚来采取了裁员 20%、关闭线下门店等措施来降低运营成本。而像前途、天际、博郡等则被曝出欠薪或欠货款的情况。

2. 政府补贴退坡，“双积分”维稳

据相关统计，2009 年到 2019 年，10 年间，中央和地方政府为新能源汽车提供了 2 000 亿～3 000 亿元的补贴，巨额补贴让新能源汽车产业发展迅速，同时也带来了一些问题。

早期补贴不区分车型，这让新能源汽车市场鱼龙混杂，大量低续航、低配置的纯电动汽车，以补贴后的低价吸引消费者。随着动力电池技术的不断发展，自 2017 年起，我国开始逐年减少新能源汽车补贴额度，同时提高车辆技术标准。

2019 年，补贴额度进一步退坡。3 月 26 日，财政部、工信部、科技部及国家发改委联合发布《关于进一步完善新能源汽车推广应用财政补贴政策的通知》，宣布补贴新政从 6 月 26 日起实施。此次补贴调整堪称新能源汽车史上力度最大的一次：地方政府补贴直接退出，国家补贴标准也降低了

50%以上，整体补贴退坡幅度超过 70%。

大幅度的补贴退坡，最直接的影响就是新能源汽车产销量的下滑。中国汽车工业协会发布的数据显示，2019 年我国新能源汽车销量为 120.6 万辆，同比下降 4%，这是自 2009 年启动新能源汽车市场化以来的首次下滑，产业链上诸如动力电池等相关领域的形势也渐趋严峻。业界认为，造成负增长的原因，除了车市整体下行、宏观经济压力之外，最大的影响因素正是年中新能源汽车补贴的大幅度退坡。

依赖补贴不是长久之计，行业发展终需“断奶”。如何在不依赖补贴的情况下，成长为拥有全产业链核心技术和规模效应、具备真正市场竞争力的企业，是新能源车企必须经历的“成长”历程。

在补贴退坡的同时，我国也在寻求建立扶持新能源汽车发展的长效机制。2018 年 9 月 28 日，工信部、财政部、商务部、海关总署、质检总局联合公布了《乘用车企业平均燃料消耗量与新能源汽车积分并行管理办法》，即平均油耗、新能源“双积分”政策。

“双积分”政策意在督促车企提高用车节能水平，扩大新能源汽车的市场比例，即使国家补贴退坡，也能给予新能源汽车行业发展一个长期保障。对于造车新势力而言，这无疑是“后补贴时代”所能依仗的政策红利之一。

3. 同质化严重，质量问题频发

除了补贴退坡造成的销量下降，新势力已交付的车辆自身问题，也是劝退消费者们的重要原因。

目前，整个新能源汽车行业同质化现象严重。已经量产或者正在量产的新能源车型，大多集中在小型或紧凑型 SUV 市场。这些产品的底层框架均来自特斯拉的开源技术，只是电池组、电动机与电控分别采购自不同的供应商群而已。整体来看，车辆在续航和驾乘体验上的区别不大。更不用说像燃油领域中奔驰的“豪华”、宝马的“操控”、奥迪的“科技”一样，赋予车辆与众不同、让消费者印象深刻的标签。

除了同质化问题，新势力中已交付的车辆还频频爆出质量问题，广为消费者诟病。比如，蔚来首款 SUV 车型 ES8 的官方续航里程为 355 公里，但很多车主反映，在实际的使用过程中仅可以达到 200 公里左右；小鹏汽车的 G3 也存在类似问题。究其原因，主要是大多新势力把等速行驶下的续驶里程、最大续航里程作为宣传点，存在误导消费者的嫌疑。

除了续航里程问题，新势力们的交付车辆还存在自燃等危及消费者生命安全的问题。据不完全统计，仅 2019 年上半年全国就发生了 25 起新能源汽车自燃事件，蔚来、理想、云度等新势力品牌均涉及其中，对于品牌形象的打击巨大。

总的来说，迈过量产门槛之后，“质量”正成为造车新势力下一场更难打的战斗。

（三）破局：并购重组，立足技术

1. 行业洗牌，头部幸存

2019 年是造车新势力们的交付大年，具备交付能力的造车新势力已经迈过第一个造车门槛，转而向量产和质量发力。而继续推迟交付或者不具备交付能力的新势力，则基本注定会退出新能源汽车市场。

目前来看，在经济下行的大环境下，资本更倾向于投资头部企业，因此，蔚来、威马、小鹏和理想等造车新势力的融资金额虽然低于规划，但依旧被资本市场信任，也就有了进一步发展的资金依靠。

在头部造车新势力中，威马汽车有其不同之处，除了面向个人消费者，它还享有政府的采购支持。2019 年 7 月，威马汽车成为首家进入浙江省政府采购云平台的造车新势力企业，在随后的 15 届全国政府采购集采年会上，威马 EX5 还获得了“2019 年度全国政府采购新能源首选车型”的奖项。政府的采购支持，在一定程度上促进了威马汽车的稳定与发展。

值得关注的是，2019 年造车新势力都在回归传统。整车制造是一个巨大的产业链，从产品定义到造型、工程、采购、质量管理、销售、用户运营，不能有一个地方是短板。越来越多的造车新势力着手构建自有产业链。

2019 年行业大洗牌后，中国造车新势力格局逐渐定型。优胜劣汰下，有限的社会资源将被重新分配，新能源汽车市场也将迎来新的发展机遇。

2. 政策相助，国企入局

2019 年，我国加强了对新能源汽车产业的宏观规划，确保其长远、高质量的发展。

2019 年 12 月 3 日发布的《新能源汽车产业发展规划（2021—2035 年）》（征求意见稿）就提出，2021 年起，国家生态文明试验区、大气污染防治重点区域公共领域新增或更新用车要全部使用新能源汽车；到 2025 年，新能源汽车新车销量占比要达到 25％左右。

具体到地方，2019 年 7 月，北京市出台奖励政策，针对 2018—2020 年到期报废、更新为纯电动车的出租汽车，最高可补 7.38 万元/辆。更新车辆需满足续航里程不低于 300 公里等条件，奖励期限至 2020 年 12 月 31 日结束。目前，北京已有 1 000 多辆纯电动出租车上路运营，预计到 2020 年底将带来至少 2 万辆的市场需求。这些政策措施，都致力于确保新能源汽车的市场需求以及平稳发展。

除了政策相助，许多国企、央企也加入新能源汽车领域，与新势力携手成长。

2019 年 8 月 16 日，江铃集团、长安汽车、爱驰汽车三方宣布江铃控股混改成立。这是国内首个央企、地方国企和新创民企三方混改的案例，爱驰汽车、江铃集团、长安汽车在新江铃控股中的股比分别为 50％、25％、25％。

对于 2017 年才入局的爱驰汽车来说，这次混改不但解决了其生产资质问题，且背靠央企、国企，后续的资金支持也得到了保障。此外，爱驰汽车还实现了对陆风汽车的控股，也就是说，它通过此举切入传统燃油车领域，实现两条腿走路，分摊了发展新能源汽车的风险。

3. 技术与服务是王道

从长远来看，汽车电动化的大趋势不会改变，但在经济增长放缓，补贴退坡的情况下，如何提升消费者购买意愿，依旧是造车新势力面对的难题。

同质化的问题需要技术来解决，而消费者则需要个性和服务来吸引。与跨国车企一样，造车新势力也在致力于差异化发展。目前来看，蔚来汽车定位豪华车，主打服务体系；理想汽车主打增程式技术；小鹏汽车则定位为中高端电动车，主打智能化。

以蔚来汽车为例。蔚来汽车的客户关系经营得十分成功，这与其注重售后服务分不开。自 2018 年 8 月起，蔚来汽车开始在全国范围内建立 NIO House，目标打造一个以车为起点，分享欢乐、共同成长的社区，吸引用户加入。此外，基于移动互联网，蔚来汽车还推出的"一键加电"和"一键换点"服务。其官方数据显示，截至 2019 年 4 月底，"一键加电"服务总数已达到 10 万次。在 2019 年上海车展上，蔚来还正式将"一键加电"服务对外开放，其他品牌电动车用户也可使用。

理想汽车则主打增程式技术，这项技术可以缓解消费者一直担忧的纯电动车的里程和充电问题。此外，小鹏汽车在 2019 年累计交付量为 16609 辆，其中配备自动驾驶辅助功能的中高配车型占比为 92%。其数据显示，有 90%的用户每月主动使用自动驾驶，有 97%的用户每月主动使用语音功能。这主要依托于其对自动驾驶技术研发的投入。

2019 年，是造车新势力艰难求生的一年，但头部企业格局渐成。2020 年，在新冠肺炎疫情的冲击下，我国新能源汽车行业的发展注定道阻且长，造车新势力面对的未知挑战注定还有很多。

第六章　激浊扬清，产业管理体制持续发力

2019 年以来，中国国家层面继续发挥“有形之手”的力量，陆续出台了一系列产业政策，包括进一步完善顶层设计、坚定新能源汽车发展战略、扩大汽车市场开放、多措并举促进汽车消费等。

一方面，准入大门持续打开、新能源汽车补贴退坡……市场化竞争机制更加完善，引导汽车产业转型升级、提质增效；另一方面，流通全产业链改革拉开帷幕，稳消费、促增长成为关键议题。可以看出，通过政策组合拳，中国正在持续推动汽车产业在改革创新、开放合作中加快转型升级步伐，实现高质量发展。

一、宏观调控助力产业高质量发展

（一）聚焦产业高质量发展，指明未来战略方向

2019 年以来，我国聚焦汽车产业高质量发展，先后发布了《交通强国建设纲要》《新能源汽车产业发展规划（2021—2035 年）》（征求意见稿）、《智能汽车创新发展战略》《国家车联网产业标准体系建设指南（车辆智能管理）》等一系列政策文件，围绕电动化、网联化、智能化、共享化发展趋势，进一步明确未来的战略方向与目标，巩固转型升级势头。

1. 描绘新能源汽车发展新蓝图

2020年，是全面建成小康社会和“十三五”规划收官之年。站在“两个一百年”奋斗目标的历史交汇点上，如何谋划2020年后的新能源汽车产业发展之路、加快汽车强国建设，备受瞩目。实际上，早在2019年2月1日，工信部就启动了《新能源汽车产业发展规划（2021—2035年）》的编制工作，为我国新能源汽车产业的下一步发展指引方向，描绘新的蓝图。

在经过广泛调研和多轮咨询后，2019年12月3日，工信部正式发布了《新能源汽车产业发展规划（2021—2035年）》（征求意见稿）（下称《发展规划》），并向社会公开征求意见。《发展规划》内容涵盖总体部署、技术创新、产业生态、基础建设等各个方面，为我国新能源汽车产业未来十五年的发展明确了方向、目标、路径，也坚定了整个行业的发展信心，可谓是未来较长一段时期内新能源汽车产业发展的纲领性文件。

根据《发展规划》，我国新能源汽车产业的整体发展目标包括：力争经过十五年持续努力，我国新能源汽车核心技术达到国际领先水平，质量品牌具备较强国际竞争力，我国进入世界汽车强国行列；纯电动汽车成为主流，燃料电池汽车实现商业化运行，公共领域用车全面电动化，高度自动驾驶智能网联汽车趋于普及。

具体目标方面，《发展规划》明确提出，到2025年，新能源汽车市场竞争力明显提高，动力电池、驱动电机、车载操作系统等关键技术取得重大突破；新能源汽车新车销量占比达到25%左右，智能网联汽车新车销量占比达到30%，高度自动驾驶智能网联汽车实现限定区域和特定场景商业化应用。

同时，《发展规划》深化了“三纵三横”研发布局，即以纯电动汽车、插电式混合动力（含增程式）汽车、燃料电池汽车为“三纵”，以动力电池与管理系统、驱动电机与电力电子、网联化与智能化技术为“三横”。其中，“三横”方面，在过去“电池、电控、电机”的基础上，根据近年智能化、网联化等新技术发展趋势，加入了智能化和网联化技术相关内容。

此外,《发展规划》还对公共领域的新能源汽车发展提出了明确要求:2021 年起,国家生态文明试验区、大气污染防治重点区域公共领域新增或更新用车全部使用新能源汽车;制定将新能源汽车研发投入纳入国有企业考核体系的具体办法。

2. 谋定智能汽车发展方向与路径

2020 年 2 月 24 日,国家发改委、科技部等 11 部委联合发布了《智能汽车创新发展战略》(下称《战略》),确立了我国智能汽车产业发展的方向,也使智能汽车发展相关技术路线更加清晰。

其实,我国在 2018 年 1 月就发布了《智能汽车创新发展战略》(征求意见稿)(下称“征求意见稿”)。不过,相较于征求意见稿,《战略》内容有一些改动。主要包括以下几方面:

一是战略目标从定量改为定性。此前征求意见稿中提出的智能汽车新车占比达到 50%,大城市、高速公路的车用无线通信网络(LTE-V2X)覆盖率达到 90%等定量目标,在《战略》中被删除,转而改为定性目标。

《战略》明确,到 2025 年,实现有条件自动驾驶的智能汽车达到规模化生产,实现高度自动驾驶的智能汽车在特定环境下市场化应用;智能交通系统和智慧城市相关设施建设取得积极进展,车用无线通信网络(LTE-V2X 等)实现区域覆盖,新一代车用无线通信网络(5G-V2X)在部分城市、高速公路逐步开展应用,高精度时空基准服务网络实现全覆盖。

二是增加未来三十年的发展规划。《战略》增加了对我国标准智能汽车发展未来三十年的发展规划,即:展望 2035 年到 2050 年,中国标准智能汽车体系全面建成、更加完善;安全、高效、绿色、文明的智能汽车强国愿景逐步实现,智能汽车充分满足人民日益增长的美好生活需要。

三是发展路径从独立发展转为融合发展。《战略》在“指导思想”中明确提出,“以推动产业融合发展为途径”,取代了此前征求意见稿中提出的“开创智能汽车创新发展新路径”,进一步明确了智能汽车需要与新能源汽车等其他战略方向融合发展的路径。

这在“构建跨界融合的智能汽车产业生态体系”这一主要任务中也有体现。《战略》提出，要培育新型市场主体，鼓励整车企业逐步成为智能汽车产品提供商，鼓励零部件企业逐步成为智能汽车关键系统集成供应商，鼓励人工智能、互联网等企业发展成为自动驾驶系统解决方案领军企业等。

3. 借势交通强国建设，拓宽发展空间

2019 年 9 月 19 日，中共中央、国务院印发了《交通强国建设纲要》(下称《纲要》)，掀开了新时代交通运输工作的新篇章。根据《纲要》，我国将从 2021 年到本世纪中叶，分两个阶段推进交通强国建设：到 2035 年，基本建成交通强国；到本世纪中叶，全面建成人民满意、保障有力、世界前列的交通强国。

《纲要》中，重点提及了“新能源车”的发展，释放了新能源车必将成为未来发展趋势的信号，进一步坚定了新能源汽车发展的大方向。比如，在“第三(三)条”中提道，“推广新能源、清洁能源、智能化、数字化、轻量化、环保型交通装备及成套技术装备”；在“第七(二)条”中提道，优化交通能源结构，推进新能源、清洁能源应用，促进公路货运节能减排，推动城市公共交通工具和城市物流配送车辆全部实现电动化、新能源化和清洁化。都在释放同一种信号——新能源车必将成为未来发展趋势。

此外，《纲要》在科技创新方面重点强调了“强化汽车、民用飞行器、船舶等装备动力传动系统研发”，“加强区域综合交通网络协调运营与服务技术、城市综合交通协同管控技术研发”以及“大力发展智慧交通”等工作。这给智能网联汽车的发展带来重大利好。

总之，未来围绕交通强国建设目标，我国公路行业将全方位提升基础设施、载用工具和运营管理服务的综合能力与水平。而汽车产业在这一大背景下，将迎来更大的发展空间。

(二) 优化“双积分”政策，完善发展长效机制

2020 年 6 月 22 日，历时近一年、两度公开征求意见的《关于修改〈乘

用车企业平均燃料消耗量与新能源汽车积分并行管理办法〉的决定》(下称“新版双积分政策”)正式发布，自 2021 年 1 月 1 日起施行。

“新版双积分政策”充分考虑了疫情对汽车行业和企业的影响，针对此前政策实施中存在的技术标准滞后、企业在燃油汽车节能技术方面投入不够、积分交易市场供需不平衡等问题，对“双积分”政策管理机制进行调整与优化，进一步完善了我国新能源汽车产业发展的长效机制。

综合看来，“新版双积分政策”主要具有以下几方面亮点：

一是框架设计日臻完善。积分结转方面，赋予新能源积分一定条件下 50%的结转比例功能，解决了上一版内容中新能源积分有效期较短的难题，有助于保证新能源厂家的积分交易热情；涵盖车型方面，将醇醚燃料类汽车归入传统能源车范畴，产品管理范围更加全面；关联企业判定方面，结合现状对境内、境外、第三方持股企业的关联企业判定都给予了简单明确的判定条件，完善了关联企业间的判断条件。

二是操作规程更加优化。在 BEV(纯电动)积分评价中，弱化了单车续航里程的权重，转而综合考虑整车续航水平、整车电耗水平、电池能量密度对积分的影响；明确给予 PHEV(插电式混合动力)1.6 分的固定积分。

三是调节机制更为灵活。对 2019—2020 年考核方式进行了灵活调整，延长负积分抵偿期限，调整 2020 年新能源积分计算比例，允许 2021 年新能源积分补偿 2020 年新能源负积分；2021—2023 年考核比例有序上升，明确了 2021—2023 年新能源汽车积分比例要求，分别为 14%、16%和 18%；对小规模企业的达标方式进行了灵活设置，有助于小规模企业根据自身实际选择适宜的达标方式。

(三) 深化“放管服”改革，新能源汽车准入“松绑”

2019 年 8 月 12 日，国务院办公厅公开发布《关于印发全国深化“放管服”改革优化营商环境电视电话会议重点任务分工方案的通知》(下称《工作方案》)。

其中，与汽车产业密切相关的主要条款包括：优化机动车产品准入，依法整合汽车产品公告、强制性产品认证、环保型式核准目录、道路运输车辆燃料消耗量达标车型公告等，实现一次送检、全面检测、结果互认；2019 年底前形成货车“三检合一”实施方案。这有利于改善汽车行业长期存在的“多头管理”问题。

“多头管理”一直是我国汽车业挥之不去的难题。其中，汽车产品检测认证是“多头管理”的“重灾区”。以营运类专用车为例，要进入国内市场，需进行国家公告、交通部油耗、安全达标以及 3C 认证、环保目录等检测认证，而上述工作分别归属于工信部、交通部、国家认监委和生态环境部四部委管理。

《工作方案》对汽车行业的“放管服”改革，不仅能降低企业检测认证成本，进一步提高检测认证机构的服务能力和水平，还有利于缩短新产品研发周期，鼓励产品创新，推动我国汽车产业向高质量发展。这不仅是国内汽车产业管理体制的又一次大变革，也标志着我国汽车行业管理进入了新阶段。

值得关注的是，2019 年以来我国汽车产业管理体制方面还有另一项改革，即对新能源汽车生产企业及产品准入管理的调整。2020 年 7 月 24 日，工信部公布了《工业和信息化部关于修改〈新能源汽车生产企业及产品准入管理规定〉的决定》（下称《决定》），自 2020 年 9 月 1 日起施行。

为更好适应我国新能源汽车产业发展需要，激发市场活力，加强事中事后监管，《决定》对现行《新能源汽车生产企业及产品准入管理规定》进行了多处修改。其中，修改的核心内容是删除申请新能源汽车生产企业准入有关“设计开发能力”的要求，对新能源车企的准入进一步“松绑”。

值得注意的是，《决定》虽然减少了对新进入企业的束缚，但并不意味着新能源汽车行业技术门槛的降低，而是表明企业准入审查的重点监管方向，由研发能力转向了生产能力、质量及一致性控制能力、售后及安全保障能力。

此外,《决定》将新能源汽车生产企业停止生产的时间由12个月调整为24个月。这为那些具有新能源汽车生产资质但暂不具备生产能力的企业,争取了一定的生存和缓冲时间,更有利于盘活其现有资源。

二、从整车到动力电池,大门越开越大

(一)鼓励外商投资,商用车股比限制放开

《鼓励外商投资产业目录》是明确鼓励外商投资行业、领域和区域的重要政策性文件。近两年,新能源和智能网联汽车逐步成为我国鼓励外商投资的重点行业与领域。

2019年6月30日,国家发展改革委和商务部联合发布《鼓励外商投资产业目录(2019年版)》(下称《目录(2019年版)》),自2019年7月30日起施行。《目录(2019年版)》在保持鼓励外商投资政策连续性、稳定性基础上,进一步扩大鼓励外商投资范围,鼓励外资参与制造业高质量发展。其中,智能网联汽车是鼓励外商投资的重点方向,汽车目录新增或修改条目基本属于新能源和智能网联范畴。

2020年以来,疫情给全球跨国投资带来巨大冲击。为贯彻落实党中央、国务院部署,实施更大范围、更宽领域、更深层次的全面开放,以更高水平开放促进经济高质量发展,国家发展改革委和商务部决定继续扩大鼓励外商投资范围。

为此,两部委于7月31日发布了《鼓励外商投资产业目录(2020年版)(征求意见稿)》,其中汽车产业相关条目再次增加。比如,在中西部目录中,海南的鼓励目录增加10条,其中就包括鼓励外商投向新能源汽车设计、研发及零部件制造。

此外,两部委还在6月23日分别发布了《外商投资准入特别管理措施(负面清单)(2020年版)》和《自由贸易试验区外商投资准入特别管理措施

（负面清单）（2020年版）》，进一步缩减了外商投资准入负面清单，并再次明确，在制造业领域放开商用车制造外资股比限制。这充分展示了我国坚定不移支持经济全球化和跨国投资的决心，是外资企业的机遇，也是国内商用车企业的新机遇和新挑战。

近年来，国内对商用车数量上的需求持续增加，对商用车性能、外观、安全、舒适性等方面的需求也不断提升。但是，国内商用车企业的整体实力，与奔驰、沃尔沃等国外先进的商用车企业相比，仍有较大差距。在疫情引发全球外国直接投资大幅下降的背景下，中国全面打开商用车制造领域的投资“大门”，会对外资形成强大的吸引力。未来，我国有望掀起一轮商用车投资热潮。

不过，业界认为，这一政策对我国商用车细分市场的影响或有所不同。在重卡领域，由于国内市场空间较大，可能会成为合资、独资的热点领域；在客车领域，国内的新能源客车技术进步较快，估计短时间内会维持现状。

（二）取消动力电池“白名单”

2019年6月24日，工信部发文宣布，自今年6月21日起，废止《汽车动力蓄电池行业规范条件》（下称《规范条件》），四批符合规范条件企业目录同时废止。这意味着，在业内存在近4年的新能源汽车动力电池“白名单”正式取消。

动力电池“白名单”源于2015年。2015年3月，为引导规范汽车动力蓄电池行业健康发展，工信部制定并发布了《规范条件》，从企业基本要求、生产条件、技术能力、质量保证能力等7个方面，对汽车动力蓄电池行业给出规范意见，符合这份规范条件的企业名录被业内称为“动力电池白名单”。而且，在售的新能源汽车只有搭载了进入“白名单”的动力电池，才能享受新能源汽车补贴。

此后，有四批共57家动力电池和系统企业进入这一“白名单”。值得一提的是，这份“白名单”上的动力电池企业都是中国企业，包括宁德时代、沃特玛、天津力神、国轩高科等，国外的三星、LG 等均不在“白名单”中。因此，动力电池“白名单”也被认为是国内动力电池企业的“保护伞”。

在动力电池“白名单”政策的支持下，中国的动力电池企业在全球的市场占有率迅速提升。据统计，在 2018 年全球动力电池装机量排名前十的电池企业中，仅有三家是日韩企业，其他七家全部是中国的企业。其中，宁德时代以总装机量 23.54 GWh，在全球动力电池市场的占有率达到 25.4%，位列 2018 年全球动力电池装机量第一。

但是，“白名单”也在一定程度上影响了部分外资企业选择合作伙伴的范围，遏制了国内企业对动力电池的创新研发，导致中国动力电池行业产能出现高端产品不足、低端产品过剩的问题。

未来，随着动力电池“白名单”的取消，LG 化学、三星 SDI 等实力外资企业将重返中国市场，国内动力电池市场会进入充分竞争时代。对处于产业链下游的整车企业而言，电池产品的选择空间将得到大幅拓展。

三、稳消费促增长，流通链条改革全面启动

(一) 稳定汽车消费，托住商品消费“大头”

继 2018 年中国车市从高歌猛进转向快速趋冷后，2019 年的中国车市进入了政策退出后的调整期，叠加宏观经济下行、大城市需求减缓、农村地区需求未完全释放等因素，导致汽车消费需求疲软，直接影响了宏观消费数据。由此，作为中国经济稳定运行的“压舱石”，推动消费稳定增长成为 2019 年以来国家各项政策的重要着力点。

2019 年 1 月 28 日，国家发展改革委、工信部等十部门联合印发了《进一步优化供给推动消费平稳增长　促进形成强大国内市场的实施方案(2019 年)》(下称《实施方案》)，着力引导企业顺应居民消费升级大趋势，加快转型升级提升供给质量和水平，以高质量的供给催生创造新的市场需

求，更好满足人民群众对美好生活的向往。

2018 年，汽车消费减速造成社会消费品零售总额 0.8 个百分点增速的落差，是全年消费增速下滑的主要因素。因此，要推动消费平稳增长，就要稳定汽车消费，托住商品消费的“大头”。具体而言，《实施方案》在汽车消费领域提出了六方面措施，主要包括：

一是有序推进老旧汽车报废更新，支持有条件的地方依托市场交易平台，对报废“国三”及以下排放标准的汽车以旧换新，并给予适当补助。

二是持续优化新能源汽车补贴结构，将更多补贴用于支持综合性能先进的新能源汽车销售，鼓励发展高技术水平新能源汽车。

三是促进农村汽车更新换代，有条件的地方，可对农村居民报废三轮汽车，购买 3.5 吨及以下货车或者 1.6 升及以下排量乘用车，给予适当补贴，带动农村汽车消费。

四是在评估河北、辽宁、河南等 6 省区放开皮卡车进城限制试点政策效果基础上，稳步推进放宽皮卡车进城限制范围。

五是加快繁荣二手车市场，进一步落实全面取消二手车限迁政策，落实适用销售旧货的增值税政策，依照 3%征收率减按 2%征收增值税。

六是进一步优化地方政府机动车管理措施，有条件的可采取适度盘活历年废弃的购车指标等办法，更好地满足居民的汽车消费需求。

2019 年 3 月 5 日，国务院总理李克强在第十三届全国人大二次会议上作政府工作报告时表示，将稳定汽车消费，继续执行新能源汽车购置税优惠政策。这进一步释放了政府刺激汽车消费的积极信号，给汽车行业吃了一颗“定心丸”。

此后，国家发展改革委、生态环境部、商务部在 2019 年 6 月 6 日又印发了《推动重点消费品更新升级　畅通资源循环利用实施方案(2019—2020 年)》(下称《利用实施方案》)，从产品供给、增强消费、完善配套、循环利用四个方面，推动汽车、家电、消费电子产品更新升级，促进旧产品循环利用。

其中,推动"汽车限行限购令"向"推动汽车消费"妥协,是《利用实施方案》的主要发力点之一。例如,《利用实施方案》提出,坚决破除乘用车消费障碍,严禁各地出台新的汽车限购;大力推动新能源汽车消费使用,各地不得对新能源汽车实行限行、限购,已实行的应当取消;大力提升二手车便利交易水平;积极引导汽车金融产品创新;研究制定促进老旧汽车淘汰更新政策;加快更新城市公共领域用车;推动农村车辆消费升级,等等。

总体看来,《利用实施方案》不仅要求开放汽车消费市场,由市场主导消费,还鼓励推进新能源汽车优化整车结构设计、规范电池标准、促进智能汽车创新等。可以说,《利用实施方案》的出台给中国汽车市场打了一剂"强心针"。

(二)优化消费环境,推动汽车流通改革

为进一步释放汽车消费潜力,国家和地方政府在加快《实施方案》《利用实施方案》有关措施落地的同时,以推进汽车流通体系改革为重点,进一步细化和深化相关措施,促进政策导向逐步从刺激汽车消费转向优化汽车消费环境。这主要表现在以下几方面:

一是大力支持放宽或取消限购。2019 年 8 月 27 日,国务院办公厅印发《关于加快发展流通促进商业消费的意见》(下称《意见》),要求实施汽车限购的地区逐步放宽或取消限购。从国家层面,力挺各地放宽或取消限购政策,打通消费堵点。

同时,在中美贸易摩擦加剧、平行车进口增速大幅下滑的背景下,2019 年 8 月,商务部、工信部等 7 部门出台了《关于进一步促进汽车平行进口发展的意见》,对平行进口汽车整改场所、贸易便利化水平、加强产品质量把控、规范登记管理等内容做出要求,以此推动汽车平行进口持续规范发展,进一步完善社会化汽车流通体系。

二是积极促进二手车流通。在《实施方案》《利用实施方案》发布后,国务院印发的《意见》中再次提及要进一步落实全面取消二手车限制政策,并

要求大气污染防治重点区域内应允许二手车在本省内交易流通。同时，商务部提出将抓紧修订《二手车流通管理办法》，以此促进二手车行业的规范发展，严防二手车限迁政策的“回潮”。目前，《二手车流通管理办法》修订稿已经形成。

三是推动形成机动车报废更新长效机制。报废汽车回收是汽车流通的最终环节和末端“出口”，畅通汽车报废回收渠道，会给新车消费置换出更大空间。为此，2019 年 5 月 6 日，国务院正式发布《报废机动车回收管理办法》（下称《管理办法》），进一步畅通和规范报废机动车回收活动。

《管理办法》主要完善了报废机动车回收拆解行业准入退出机制，按照审批更简、监管更强、服务更优的精神，推行网上申请、网上受理，实行“先照后证”；取消了报废机动车“五大总成”强制回炉销毁的规定，拆解的“五大总成”具备再制造条件的，可以按照国家有关规定出售给具有再制造能力的企业；取消了报废机动车收购价格参照旧金属市场价格计价的规定，由市场主体自主协商定价，等等。

随后，相关部委加紧完善《管理办法》相关配套机制。2019 年 12 月 17 日，市场监管总局和国家标准委发布并实施的强制性国家标准《报废机动车回收拆解企业技术规范》（GB 22128—2019）（下称《技术规范》）。《技术规范》是由商务部组织对《报废汽车回收拆解企业技术规范》（GB 22128—2008）进行修订形成的，主要有三方面变化：一是增加企业建设和拆解技术要求等内容；二是调整原标准技术要求较低或不完善的有关内容，如补充完善部分术语定义、标准的适用范围、信息化管理、技术人员等内容；三是删除原标准不适合行业发展的部分内容，如删除对回收的报废机动车应在 3 个月内拆解完毕的时间限制要求等。

另一个配套规章是商务部、国家发展改革委等七部门在今年 7 月出台的《报废机动车回收管理办法实施细则》（下称《实施细则》），自 2020 年 9 月 1 日起施行。《实施细则》鼓励报废机动车回收拆解行业市场化、专业化、集约化发展，推动完善报废机动车回收利用体系，并在资质认定和管理、回收拆解行为规范、回收利用行为规范、监督管理、法律责任等方面进行了详细规定。

此外，2020 年 8 月 11 日，国家发改委又发布了关于《汽车零部件再制造管理暂行办法(征求意见稿)》(下称《暂行办法》)公开征求意见的公告，拟从旧件管理、生产管理、产品管理、市场管理等方面对汽车零部件再制造行为和市场秩序进行规范。

四、绿色发展提速，新能源汽车产业的得与失

(一) 政策法规体系不断完善

推行绿色生产和消费，是建设生态文明、实现高质量发展的重要内容。近年来，在绿色发展理念和大方向的引领下，我国将发展新能源汽车上升为国家战略，整个汽车产业链的绿色升级逐步提速，国家和地方的相关政策法规体系也不断完善。

2020 年 3 月 17 日，国家发展改革委和司法部印发的《关于加快建立绿色生产和消费法规政策体系的意见》(下称《政策体系的意见》)提出，加快建立绿色生产和消费相关的法规、标准、政策体系，促进源头减量、清洁生产、资源循环、末端治理，扩大绿色产品消费，在全社会推动形成绿色生产和消费方式。

《政策体系的意见》明确了推行绿色设计、强化工业清洁生产、发展工业循环经济、加强工业污染治理、促进能源清洁发展、推进农业绿色发展、促进服务业绿色发展、扩大绿色产品消费、推行绿色生活方式等多项任务。其中，对汽车产业主要提出了如下要求：

一是发展工业循环经济，以汽车产品、动力蓄电池、铅酸蓄电池为重点，加快落实生产者责任延伸制度，适时将实施范围拓展至轮胎等品种，强化生产者废弃产品回收处理责任。支持建立发动机、变速箱等汽车旧件回

收、再制造加工体系，完善机动车报废更新政策。

二是促进能源清洁发展，加大对分布式能源、智能电网、储能技术、多能互补的政策支持力度，研究制定氢能等新能源发展的标准规范和支持政策。

三是扩大绿色产品消费，建立完善的新能源汽车等节能品类的推广机制，有条件的地方对消费者购置节能新能源汽车等给予适当支持，鼓励公交、环卫、出租、通勤、城市邮政快递作业、城市物流等领域新增和更新车辆采用新能源和清洁能源汽车。

事实上，前文中提到的“新版双积分政策”和《报废机动车回收管理办法》《报废机动车回收管理办法实施细则》《汽车零部件再制造管理暂行办法（征求意见稿）》等多项政策，都是对汽车产业绿色发展相关政策法规体系的完善。

除此之外，2020 年 1 月 2 日，工信部发布了《新能源汽车废旧动力蓄电池综合利用行业规范条件（2019 年本）》和《新能源汽车废旧动力蓄电池综合利用行业规范公告管理暂行办法（2019 年本）》，提高对新能源汽车废旧动力蓄电池的综合利用水平；2020 年 7 月 24 日，交通运输部和国家发展改革委发布了《绿色出行创建行动方案》，明确通过开展绿色出行创建行动，倡导简约适度、绿色低碳的生活方式，引导公众出行优先选择公共交通、步行和自行车等绿色出行方式，降低小汽车通行总量，整体提升我国各城市的绿色出行水平。

（二）补贴政策延续，让人欢喜让人忧

为顺应绿色发展要求，我国出台了多项政策力挺新能源汽车产业发展，其中最重要的莫属补贴政策。

自 2009 年起，中央财政就开始对新能源汽车推广应用予以补助。根据新能源汽车推广应用督查报告，2013—2015 年，中央财政共拨付新能源汽车补贴、奖励资金 284.44 亿元，地方财政大多按 1∶1 的比例拨付，补助

资金合计达200多亿元,总计金额500亿元左右。2016—2019年,中央层面的新能源汽车补贴金额高达400多亿元;地方层面,如按照调中央补贴和地方补贴1∶0.5的比例来计算,补贴金额估计约在200亿元左右。这意味着,2013—2019年,国家和地方对新能源汽车行业的累计补贴金额,已高达千亿元。

2020年,本应是新能源汽车补贴政策退出之年。但为了对冲疫情影响,促进新能源汽车消费,我国决定延续新能源汽车补贴政策。4月23日,财政部、工信部等四部门联合发布的《关于完善新能源汽车推广应用财政补贴政策的通知》(下称《通知》)明确提出,将新能源汽车推广应用财政补贴政策实施期限延长至2022年底,并平缓补贴退坡力度和节奏,原则上2020—2022年补贴标准分别在上一年基础上退坡10%、20%和30%。

根据《通知》,在补贴条件上,2020年将保持动力电池系统能量密度等技术指标不作调整,适度提高新能源汽车整车能耗、纯电动乘用车纯电续驶里程门槛。同时,规定新能源乘用车补贴前售价须在30万元以下;加快新能源汽车推广,采用“换电模式”的车辆补贴不受限价标准限制。

然而,对于新能源汽车补贴政策延续的影响,却可谓是“让人欢喜让人忧”。一方面,在补贴政策的支持下,我国新能源汽车迅猛发展,并建立了在全球范围内的先发优势。如今,无论在技术、规模上,还是在产业链体系构建、商业模式上,我国新能源汽车行业都走在世界前列。

着眼当下,在车市消费不振的情况下,延长新能源汽车补贴政策,无疑会提振市场信心,稳定行业发展预期,激发新能源汽车消费热情,从而拉动新能源汽车产销,促进新能源汽车产业可持续发展。据乘用车市场信息联席会秘书长崔东树预计,补贴持续政策将拉动2020年新能源汽车产量达到160万辆,同比增长23%。

但另一方面,补贴政策在一定程度上会影响新能源汽车产业的市场化进程。尤其是巨额补贴下,初期不仅滋生了新能源“骗补”问题,还诱发了车企的“补贴过度依赖症”。随着行业督查力度的提升,新能源汽车补贴审核标准逐年提高，补贴额度也逐步退坡。可是，车企过度依赖补贴的现象目前仍然存在。纵观获得补贴的车企，大部分车企获得的补贴金额远高于其自身经营的净利润；同时，一些车企的净利润随着补贴逐年退坡，开始出现下滑。

以商用车为例，根据工信部 2019 年发布的《关于 2017 年度新能源汽车推广应用补助资金清算审核情况的公示》，共有 207 409 辆新能源车通过审核，将能拿到总计 220.27 亿元的新能源补贴。其中，获得补助资金最高的是宇通汽车，共计 45.9 亿元；其次是比亚迪，共计 34.61 亿元。可见，仅宇通汽车、比亚迪两家公司获得的补贴金额，就超过 80 亿元，占总额的 1/3 以上。

此外，无论是技术路线的争论，还是续驶里程的标定，都会受到补贴因素干扰。比如，在技术路线方面，新能源汽车领域一直存在插电式混合动力和纯电动技术路线的争论。可是，由于补贴政策明显倾向于纯电动汽车，直接导致其在推广数量上遥遥领先。同时，增程式纯电动汽车因被归类为插电式混合动力车，受补贴政策影响，并未能在市场上充分发挥其在续驶里程上的优势。

不过，需要指出的是，尽管新能源汽车购置补贴和免征购置税政策得以延续，但“大水漫灌”的补贴时代已经过去，新能源汽车市场从政策导向转变为市场导向的大趋势不会改变。事实上，如今国家对新能源汽车的扶持正在从补贴政策扶持转向非补贴政策扶持。例如，将充电桩纳入“新基建”七大重点领域，就将国家政策支持的重点放在了新能源汽车发展的配套基础设施上。

对新能源汽车企业而言，尽管疫情下面临的生存压力较大，但面对行业可持续、市场化的发展方向与目标，应加快摆脱“补贴依赖症”，主动在技术研发、产品开发、商业模式等方面寻求突破，这样才能真正满足市场需求，为企业的长远健康发展赢得更多的时间和空间。

新出行时代再思考

下篇

第七章　全球汽车主战场转向何处

从全球视角来看，汽车产业正在经历新一轮深度调整。随着全球主要汽车市场渐趋成熟，在增量空间变小等不同因素的影响下，各大区域市场均呈现出一定的下行趋势。同时，在科技革命与产业变革的席卷下，新技术、新业态、新模式、新参与主体层出不穷，传统汽车产业链正在面临重塑，汽车产品与交通出行之间的联系更加紧密，关系更加复杂。

在一系列因素的刺激下，汽车产业在经历了百年发展后，以传统整车企业为中心、大规模生产和大规模销售模式为主导的传统汽车产业格局，正在悄然发生改变。对于全球传统汽车产业而言，转型阵痛不可避免。

一、传统车企经历转型阵痛

（一）迎接电动化变革浪潮

近年来，多个国家均在加快汽车电动化转型步伐。挪威、英国、法国等改革相对激进的欧洲国家相继出台了燃油车禁售时间表，中国、美国、日本等国也纷纷出台新能源汽车发展规划。

2019 年 4 月，欧盟发布了史上最严碳排放标准《2019/621 文件》，不但加大了碳排放降幅要求，而且加重了罚款力度，将欧洲对汽车废气排放的标准又上升到了一个新高度。此标准的出台对奔驰、奥迪、大众等欧系车企产生了较大影响，倒逼传统车企走上新能源的道路。

同时，中国市场政策条件完善、消费者接受度高，成为拉动全球新能源汽车需求的强劲引擎，各大车企的电动化战略也均瞄准了中国市场。国际巨头汽车企业近两年一改之前的保守态度，纷纷针对中国市场发布电动汽车产品规划，加速进军中国新能源汽车市场。

例如，大众汽车计划从 2021 年在中国推出一款纯电动 SUV，以挑战特斯拉的 Model X 系列。丰田极为重视中国市场，不仅通过组织架构调整将中国市场与其他亚洲市场分开，还率先在华发布新款纯电动汽车。

除此之外，各大车企还积极在华设立汽车生产或电池生产工厂，以进一步争夺中国市场。例如奔驰持续加大在华投资，新能源车生产基地已在京落成，拥有整车制造体系。本田进行了产能重组，停止在阿根廷生产汽车，转而在华投建新能源工厂。

在政策与市场的双重作用下，“电动化提速”一度成为 2019 年全球传统汽车企业的关键词，各个车企或主动或被动地迎来了电动化变革浪潮，陆续发布了电动化时间表。由于混合动力、插电式混合动力、纯电动和氢燃料电池四条技术路线均未完全成熟，对于在内燃机业务方面已经独占鳌头的老牌传统车企来说，在向新能源过渡的过程中，难免会面对推进电动化战略与保持公司财务健康的平衡问题，众多车企也正处于转型的阵痛阶段。

1. 大众：“排放门”阴影下的全力转型

为了挽回“排放门”对企业造成的持续不利影响，大众汽车集团在近几年不断加快电动化转型步伐。

2019 年，大众发布了 2020—2024 五年投资规划，计划在混合动力、电动出行以及数字化领域投资 600 亿欧元，其中 330 亿欧元将用于电动化，彰显了其对于电动化转型的决心。大众表示将在德国、中国、美国和捷克一共建设 8 个基于 MEB 平台的纯电动车生产基地，以实现到 2025 年通过 MEB 平台制造 1 000 万辆电动汽车的目标。

到 2029 年，大众预计为市场带来 75 款纯电动产品，并将纯电动车的累计销量提升至 2 600 万辆，其中包括 2 000 万辆基于 MEB 平台的纯电动汽车和 600 万辆基于 PPE 平台的高端电动车。

作为电动化战略的一部分，大众格外重视电池的研发与生产，目前已与瑞典、韩国、中国的几家企业建立合作伙伴关系，先后采取外购、合资、自建工厂的电池生产与供应方式，以保障供应链安全可控。

2. 宝马：转型路线或面临抉择

不同于大众汽车的“激进”转型，宝马则显得相对稳健：没有押宝纯电动路线，而是秉持内燃汽车制造经验，着力开发插电式混合动力系统，打造支持不同动力系统的通用化平台。灵活的生产线与通用化平台有利于现有工厂的平稳转产、及时响应市场需求，如此一来可以减缓转型阵痛。

按照计划，到 2025 年宝马预计推出 25 款新能源车型，其中包含 13 款混合动力车型和 12 款纯电动车型；到 2030 年，欧洲销售的车辆中新能源车型数量占到一半的目标。同时，宝马也十分注重电动化人才培育，目前全球已有超过三分之一的宝马员工接受了电动化相关的培训课程，这也将有利于宝马未来在电动化领域的转型与优势。

但 2020 年年中，宝马的新能源转型路线受到了来自内部的质疑，宝马集团工会表示，如果想在新能源汽车的激烈竞争中胜出，宝马需要开发纯电动平台。而集团官方尚未回应，目前是否会选择纯电动路线尚无定论。

3. 日产：化被动为主动

作为一家老牌传统车企，日产在电动化领域的布局曾处于领先地位。2010 年，日产发布了一款名为“聆风”的纯电动车，并且多年保持着全球最畅销电动车的称号。随后发布的日产智能出行理念中，也体现企业对智能动力的重视：即强调追求零排放，要将更先进的技术应用于电动汽车。

然而，随着特斯拉等造车新势力的兴起及传统车企的纷纷转型，日产的领先优势似乎难以保持。2019 年全年，特斯拉 Model 3 的全球销量是日产聆风的四倍左右。

面对此种境况，日产汽车公司宣布将进行大量投资用于其全球工厂先进技术和设备的改造，以助力打造新一代电动化与智能化车型。首期 330 亿日元投资将用于枥木工厂，并逐渐扩展到日产汽车在全球的其他工厂，枥木工厂的技术改造计划于 2020 年完成。

此外，日产在 2020 年公布的“企业转型计划”中宣布：未来四年将聚焦包括电动化车型和 SUV 车型在内的核心优势，而最新推出的纯电动 SUV 车型 Ariya 正是朝此方向迈进的重要一步。

（二）智能化转型的机遇与困境

随着智能网联和新一轮信息技术与传统产业的深度结合，汽车产业目前迎来了智能化转型升级的关键期，传统汽车开始向智能汽车升级。各大车企主要围绕智能驾驶、生活服务、安全防护、位置服务及用车服务系统等方面开展研发。

以特斯拉、谷歌、苹果以及诸多硅谷创新公司为代表的造车新势力，具有数字化、智能化的先天优势，在技术领域不断取得重要突破，为传统车企的转型之路带来较大压力。

传统车企的优势主要集中于汽车设计和制造，但面对“智能化、网联化、电动化、共享化”新四化的冲击，以传统整车企业为中心的产业流程正在改变，汽车产业中心从制造向出行转移，以往积累的经验和技术在面对智能化大潮时稍显无力，各大车企不得不及时调整战略，加大研发投入。

相比创新企业强大的网络技术和软件研发优势，宝马、丰田、福特、沃尔沃等传统车企主要是从汽车的实用性和安全性出发，依托系统整合与资产投入方面的优势，着力发展和应用协同式辅助驾驶技术。

目前辅助驾驶与半自动驾驶已得到普遍应用，奥迪、凯迪拉克、日产等车企正在积极研究可应用自动转向、加减速、停车等具备高度自动驾驶技术的汽车。无人驾驶技术的研发虽然如火如荼，但距离真正投入应用和大规模推广还有一定距离。

1. 传统车企加码智能化研发实践

为了加快智能化转型的脚步，各个车企在研发投入上不遗余力。据2019年各企业财报，戴姆勒用于研发的投入为97亿欧元，占营业利润的94.2%，宝马投入59.52亿欧元，占营业利润的83.6%，大众投入169亿欧元，占87.5%。迫于近年来汽车行业严峻的形势，想在新技术领域领先，车企需要更舍得投入，也需要取长补短、合力突围。

在智能化转型方面，大众汽车敢于争先。处于传统车企的软件研发劣势，大众汽车的产品中应用了来自200余个供应商的70余款操作软件，缺乏统一架构也不利于降低成本。

故而，在2019年大众成立汽车软件部门Car.Software，预计投资70亿欧元用于自主研发汽车设备联网平台、智能车身和座舱、自动驾驶、汽车和能量性能、数字化和移动出行服务五个方向。此部门目前包含3 000名专家，并计划到2025年将人数扩充到10 000名。

部门成立以来的研发与应用卓有成效，其自主研发的VW.OS系统已成功应用于大众ID.3车型。此部门的设立将助力大众完成2025年将自产的车载软件比例从目前的不足10%提高到60%的目标，同时表明了大众汽车从硬件制造向软件科技转型的决心。

除了强化软件自主创新能力，大众也与微软、福特等公司展开合作，开发自动驾驶与车联网等技术。其中与微软合作开发的大众汽车云将作为车联网平台应用于大众汽车生产，并在2025年实现对新车型的全面覆盖。

2. “软件门”持续发酵

由于目前新一代信息技术与传统产业的融合尚显稚嫩，汽车产业数字化、智能化过程中弊端陆续显现。大众、通用、沃尔沃、菲亚特等在内的诸多车企均遭遇过较大规模的软件故障，比如大众，从2020年下半年到现在多次被曝遭遇软件难题，且目前仍在继续发酵。

国家市场监督管理总局缺陷产品管理中心汽车召回管理部数据显示，

我国 2013—2018 年的汽车召回案例中，涉及汽车智能系统和功能相关的召回 20 次，总计 20.69 万辆；涉及软件问题的召回 109 次，总计 191 万辆；2019 年，因软件问题召回 22 次，累计 39.46 万辆。

特别是随着汽车的电动化和智能化发展，车辆装载软件种类不断增多，软件系统与三电系统故障层出不穷，召回的次数和数量都呈上升趋势。即便是以智能化著称的特斯拉也先后暴露出车门无法正常关闭、自动驾驶辅助状态下意外刹车、控制屏黑屏、手机 App 与汽车无法连接等问题。

传统车企推出的智能汽车经受着各类安全考验，尤以软件升级带来的问题最为突出。例如，沃尔沃召回 74 万辆汽车进行系统升级，避免软硬件不兼容增加撞车风险。通用汽车因为刹车软件存在失效问题及潜藏的火灾风险，在全球召回 90 多万辆汽车。大众召回第八代高尔夫，以解决紧急呼叫系统“e-call”的使用问题。

2020 年上半年，多家汽车企业向国家市场监督管理局备案了召回计划。其中，由于驻车辅助软件启动程序不完善，丰田决定召回问题车辆修正系统。汽车软件不同于手机的自动更新，也给安全驾驶带来关键影响，如何突破汽车智能化转型发展的困境将成为传统车企长期面临的问题。

二、关厂裁员背后的现实压力

(一) 寒流袭来，关厂裁员潮蔓延全球

在全球市场疲软与新冠肺炎疫情的双重冲击下，世界各汽车企业均遭受了不同程度的冲击，多家车企都卷入了关厂裁员大潮。如果说 2019 年的“关厂裁员”与“瘦身健体”还是企业为了适应新环境、新技术与新趋势的主动革新行为，那么 2020 年以来的裁员、降薪、停产等举措则更倾向于被迫避险自保。有别于之前传统车企独自承受转型阵痛，疫情致使新能源车企、零部件企业及相关产业企业均笼罩在一片阴霾之中。

1. 欧洲车企

在欧洲，雷诺汽车集团为了渡过营收、销量、利润下滑带来的危机，宣布将在未来三年内缩减 20 亿欧元开支，计划在全球裁员约 1.5 万人，受到波及的员工占总体员工比例近 10%。其中，雷诺计划在法国本土裁掉 4 600 人，并准备对当地的 14 家工厂进行重组，此举或导致其中 4 家工厂关闭。

虽然雷诺表示不会采取强制措施辞退员工，鼓励员工通过自愿离职、提前退休等方式离开，但这仍然引起了法国政府与当地职工的强烈反对。约 8 000 名职工聚集雷诺位于在法国北部的莫伯日雷诺工厂外抗议公司此次的裁员计划。除了在法国本地进行大刀阔斧的改革，雷诺还叫停了摩洛哥和罗马尼亚的产能扩张计划，其在俄罗斯地区的产能也存在调整的可能。

2. 美系车企

在美国，通用、福特、菲亚特克莱斯勒等美系车企巨头也没有停止其缩减策略。

通用汽车为了实现公司到 2020 年将年成本降低 60 亿美元的目标，2018 年起通用汽车实施了十年来首次大规模缩减计划，也代表着全球车企规模化裁员的开端。具体措施为计划在全球裁员 15%，将管理层人数缩减 25%、薪资制员工及合同制员工的人数降至 15%，累计影响约 14 700 人。

同时，受疫情停工影响，6.9 万名员工临时减薪 20%。为了增强核心业务，提高成本效率，通用决定陆续关停全球范围内的 7 家生产基地。继放弃俄罗斯市场、关闭韩国群山组装厂之后，通用汽车宣布将进一步缩减公司在澳大利亚和新西兰的销售、设计和工程部门的规模，并预计在 2021 年前逐步停止澳洲霍顿汽车品牌的销售。

3. 日系车企

受全球疫情影响，日系车企也不得不通过加大降薪和裁员力度等措施渡过难关。

在陆续关停日本国内工厂，要求部分员工暂时下岗之后，日本车企又将裁员计划延伸至海外。作为率先关闭美国部分工厂的日本车企，本田汽车于 2020 年 4 月宣布暂时辞退一万名美国工人。同一个月内，日产汽车也暂时解雇了北美地区几乎全部一万名员工，主要涉及田纳西州士麦那装配厂、德凯德大型动力总成工厂和密西西比州坎顿装配厂。

由于美国疫情未得到有效控制，5 月起本田在北美的停产范围逐渐扩大，涉及 17 家工厂、近 3 万名员工。日产汽车也表示要在英国、西班牙、印尼等地实施新一轮的关厂裁员计划。

4. 新能源车企

新能源汽车企业也难以抵御此次全球危机。

在疫情之前，特斯拉也曾有过裁员举动，2019 年初，特斯拉 CEO 在给员工的一封信中宣布将裁掉 7%的全职员工，从而实现生产率的提升和扁平化管理。3 月以来，特斯拉先后爆出降薪、裁员等消息，不仅决定让位于加州弗里蒙特和纽约的工厂停产，还宣布遣散数百名临时工。

此外，媒体曝光特斯拉内部邮件称：针对美国地区，副总裁及以上级别的员工降薪幅度将达到 30%，董事级以上级别员工降薪幅度为 20%，而其他员工将降薪 10%，同时暂停工资调整和股权激励。对于非美国地区的员工，工资削减也均在沟通之中。

5. 零部件供应商

市场疲软与疫情停工，也让汽车零部件供应商受到了前所未有的挑战。

2019 年以来，包括博世、大陆、奥托立夫等在内的国际知名零部件企业也相继公布了支出削减计划。大陆集团宣布在未来十年内进行结构转型，预计将裁员 2 万余人。

采埃孚对外发布了一份战略备忘录称，由于疫情导致需求下滑，计划在 2025 年前裁员 1.5 万人，约占目前总员工数量的 10%。

无独有偶，瑞典汽车安全气囊制造商奥托立夫由于 2020 年 4 月在欧洲市场的销量同比下跌 89%，表示将采取措施控制成本、减少开支，计划在已经减少 1 400 名员工的基础上继续裁员。

6. 自动驾驶初创企业

寒冬之下，自动驾驶初创企业面临着巨大的经营和研发压力，也不约而同地选择了裁员减负。

2020 年 5 月，通用旗下自动驾驶初创公司 Cruise 决定裁员 8%，共计 140 余人，包括一个位于加州帕萨迪那负责开发激光雷达技术的工程团队。包括 Zoox、Ike 等在内的各自动驾驶技术企业也分别在疫情之中解雇约百名员工。美国自动驾驶长途货运企业 Starsky Robotics 则由于缺乏资金宣布倒闭。此外，曾大力投资自动驾驶业务的网约车巨头企业优步也宣布缩减自动驾驶业务投资，同时关闭全球 45 个办事处，并进行大规模裁员涉及 6700 人。

（二）抱团取暖，能否经得起现实考验

1. 欧洲行业巨匠与美国百年车企的联盟

2019 年初，大众与福特双方签署合作协议正式组建战略联盟。联盟计划 2022 年推出面向全球市场的全新中型皮卡车型，在电动车型、自动驾驶以及智能出行服务领域探索合作可能。

双方认为，战略联盟能够实现在技术车型架构上分摊成本，提升业务规模，提高运营效率。据联盟计划，大众与福特将成立“联合委员会”，承担联盟管理工作，由两家企业的 CEO 和双方高层共同领导。联盟分工明确，福特将主要开发并生产中型皮卡和大尺寸商用厢式车，大众主要负责研发和生产 MPV 车型。

从福特的角度看，2018 年全球范围内销量下滑是其寻求战略合作伙伴的最直接原因。2018 年第三季度，福特在中国、欧洲和南美三大市场产生了不同程度的亏损，分别为 3.87 亿美元、2.45 亿美元和 1.52 亿美元。特别是

2018 年欧洲市场整体增长 3%的背景下，福特依然亏损，改革与重组迫在眉睫。为此，福特开始了全球范围内的裁员计划，并取消北美市场大部分轿车业务，然而这直接导致了福特旗下一部分轿车产品工厂出现闲置局面。

福特开始寻求战略合作，将目光转向大众。与大众达成战略联盟后，后者一方面可以帮助其有效处理产品规划重组造成的工厂闲置和产能过剩，两一方面借助大众在欧洲市场的成功经验，帮助福特重振欧洲业务，稳固欧洲的销售业绩。

从大众的角度看，对美国市场进一步增长是其选择与福特战略结盟的重要原因。虽然大众汽车没有销量和利润下滑的直接压力，但从全球第二大市场的美国看，2018 年大众仅仅在美国销售了其整体销量的 5.9%，与中国市场贡献其销量的 40%对比来看，显然大众在美国还有非常大的上升潜力。

然而大众在美国市场一直保守，主要因为：一方面，大众在美国本土只有一家工厂，产能有限；另一方面，美国消费者与其他市场需求不同。此前大众在美国市场的投放与中国市场的主要 SUV 车型对应，缺少深受美国市场喜爱的皮卡产品。

为此大众选择与福特合作。从品牌上看，可以短时间直达美国市场。从产能上看，可以利用福特剩余产能快速提高其自身在美国的产能。从销量上看，美国市场再进一步将整体提升大众集团的销量表现。从成本上看，更能直接避免欧洲出口至美国的税费成本。

2. 戴姆勒与宝马携手迈向“新四化”

2019 年 3 月，宝马集团宣布与戴姆勒集团展开深度合作。双方将共同投资超过 10 亿欧元，共同拓展一站式城市出行服务。主要包括汽车分时租赁、网约车、泊车、充电和多模式交通方案五项业务，目标是在 2024 年之后广泛应用下一代自动驾驶技术，实现全电动、全自动驾驶车队，自动充电和泊车，并与其他运输方式顺畅衔接。

宝马集团董事长科鲁格认为，“我们正在不遗余力地推进在‘A.C.E.S

（汽车行业‘新四化’，智能化、电动化、共享化、网联化）’各个领域的发展，力争早日实现未来出行的愿景”。这一战略合作对双方来说，一方面能最大程度挖掘城市出行市场潜力，另一方面共同承担投资和研发成本，实现规模效应。

为此，双方各出50%合资成立了五家公司：ReachNow，一个综合性服务平台，允许用户直接预订和支付，交通工具不限于汽车，还包括自行车和电动滑板等其他交通工具；ChargeNow开展充电服务业务，使用户能够快速定位和使用城市充电桩，并采用无现金支付模式；ParkNow提供便捷停车服务，可预留停车位并预约停车时间，充分利用城市空余车位并减少用户在寻找停车位上所浪费的时间；FreeNow提供包括出租、专车、租车、私人司机等服务；ShareNow是汽车共享业务，允许用户通过手机选择货运或客运的汽车租赁。

除五家公司外，宝马与戴姆勒还宣布将合作开发用于高速公路自动驾驶的“下一代技术”，驾驶辅助系统和停车功能，还计划在2024年量产L4级自动驾驶汽车。

不过，战略合作宣布仅仅一年多时间，双方就因新冠肺炎疫情不得不暂停合作。2020年6月19日，宝马和戴姆勒的声明表示，考虑到共享技术平台所需的费用，以及目前经济情况和公司商业状况，在自动驾驶技术上的开发合作暂时搁置，未来可能重启。

2020年全球疫情给车市带来重创。宝马公司今年两次下调盈利预期，将汽车业务息税前利润降至3%以内，戴姆勒公司一季度息税前利润跌幅高达78%。又因为自动驾驶技术投入太大，两家公司不得不暂停合作计划。未来联盟能否继续，宝马和戴姆勒能否携手深耕城市出行市场，目前还尚未可知。

3. 丰田与铃木交叉持股

2019年8月丰田和铃木对外宣布组建资本联盟，丰田将以1 200亿日元（约9.08亿美元）收购铃木4.94%的股份，铃木将出资600亿日元（约

4.55 亿美元)持有丰田 0.21%的股份,双方将合作开发自有汽车技术。

本次合作,两家车企主要考虑产品线互补、技术共享、市场互补。丰田看重了铃木的小型汽车技术储备,以及多年深耕东南亚市场的主要优势,铃木则把目光放在了丰田汽车的新能源和自动驾驶技术上。

丰田作为全球最大汽车企业之一,合作车企阵营强大,近年来合作过的企业包括大发、日野、马自达、斯巴鲁等。而铃木也一直寻求合适联盟,此前在 2009 年与大众汽车有过短暂的合作。

丰田和铃木的合作由来已久,在 2017 年 2 月,双方就达成商业联盟,合作内容主要在开发和采购上。2019 年 3 月,双方合作进一步加深,铃木从丰田采购面向全球市场的汽油混合动力系统,铃木为丰田在印度市场生产机遇 Ciaz 和 Ertiga 两款紧凑车型。

不过,此次交叉持股合作声明中强调,双方"未来围绕新领域构建并深化合作,但仍然是竞争者关系"。从相关解读中可以看出,两家公司将在新能源、智能化、共享化等领域开展合作,但彼此之间保持独立,依然是竞争对手。

三、告别传统背后的战略考量

(一) 传统车企的焦虑与改革

2019—2020 年,在资本、技术、地缘政治的冲击下,全球汽车行业遭遇了前所未有的下滑困境,以通用、戴姆勒、丰田为代表的传统车企不得不"断腕"裁员、合纵连横寻求联盟。经历了百年发展后,以传统整车企业为中心、大规模生产和大规模销售模式为主导的传统汽车产业格局,正在以前所未有的速度发张改变,背后每个企业都有自己的战略考量。

考量一:节约成本、提升效率。

英国汽车数据调研机构 Jato Dynamics 数据显示,全球来看,虽然

2019 年整个汽车行业营收增长 1.87 万亿欧元，但营运利润降至 863.8 亿欧元，下降 11%。

出于对成本和市场的考量，为了保证足够利润，各大车企关厂裁员，节约成本、提升效率，成为最简单最有效的策略。

2019 年初，奥迪宣布在未来 6 年内裁掉 9 500 名员工，占员工总数的 10.6%，可节约 66 亿美元的成本。其首席执行官布拉姆·肖特称，“公司计划在削减成本的过程中，裁减 10%左右的管理职位”，目标是 2022 年削减 150 亿欧元（约合 170 亿美元）成本。

受脱欧不确定性和全球疫情影响，捷豹路虎公司自 2018 年的扭亏为盈势头中断，进入停工停产阶段，全球销量同比下滑 31%，出现亏损。为此捷豹公司扎紧裤腰带、力保现金流，2020 年 6 月宣布加大成本削减计划力度，将削减目标上调至 10 亿英镑，为达成此目标，将从 3.2 万名英国员工中裁剪 1 100 名合同工或承包商。

除此之外，大众、日产、本田、FCA、福特等多家车企宣布关厂裁员或者组织结构调整计划，另有戴姆勒、特斯拉、PSA 等企业传出裁员传闻。

考量二：保存实力，止跌企稳。

以通用汽车为例，2020 年 2 月 17 日，通用汽车发布公告称，将在 2015 年制定的全面战略的基础上，“果断采取行动转型，以聚焦核心业务，推动实现显著的成本效益，并提高股东收益”。这一决定的战略基本面，则是通用汽车在全球市场表现不佳，特别是在中国市场，上汽通用、上汽通用五菱两大车企 2019 年度的下滑幅度均超过大盘。

“虽然是艰难的决定，但为了通用汽车的国际业务能够实现增长和盈利，这些都是必要的。”通用汽车高级副总裁兼通用汽车国际总裁史蒂夫·基弗（Steve Kiefer）说。以通用在澳大利亚和新西兰的市场为例，通用汽车霍顿在澳大利亚是自 1948 年下线以来最畅销的汽车公司之一，然而伴随近年来新车销量持续下滑，2020 年 2 月通用宣布停产其畅销车型 Commodore。

右舵车市场高度分散，“通用汽车澳大利亚霍顿品牌的销量直线下降，已经无法证明继续投资生产右舵车的合理性。为了继续运营霍顿，通用汽车探索了各种可能性，但都不足以支撑右舵车市场所需投资和支持品牌成长的资金，这些投资不能够带来适当回报的投资，而这个市场又高度分散”，通用汽车总裁马克·雷乌斯(Mark Reuss)在声明中提出。

战略撤退后，通用汽车2019全年全球销量下滑8.3%，营收下降3.4%，但是净利润却较2018年同期翻了一番，达到了21.5亿美元。销售总量的损失，让通用汽车在全球范围内有效避免了更大范围的亏损。

车企关厂裁员是为了保持足够强健的现金流和利润，实现保存实力实现止损企稳的战略目标。

考量三：放弃传统、联手拥抱科技。

全球车企面共同面临一个巨大矛盾：市场不振让营业额和利润下降，同时又不得不加大新技术研发投资，为此合作与结盟则成为更佳战略选择。

传统车企向电动汽车、自动驾驶、共享出行领域转型，面对百亿级别研发投入，寻找一个有基础、有实力、有技术储备的合作伙伴，分摊研发费用、共担研发风险，这是当前一轮车企兼并重组、结成战略联盟的最主要目的之一。

以商业联盟、战略联盟、交叉持股方式的抱团取暖，可以迅速壮大联盟企业的体量，更能直接实现产品线互补和市场互补。如果联盟合作顺利，则可以在电动化、自动驾驶等新兴领域率先一步。

（二）与科技碰撞，新时代传统车企的大考

“汽车产业一百多年来的发展，主要是以机械为主的传统技术的改良，是在完善一个‘旧世界’，但现在到了‘结束一个旧世界、建立一个新世界’的时刻”，世界汽车工程师学会联合会主席、清华大学汽车产业与技术战略研究院院长赵福全提出，全球范围内都在经历从燃油车向电动车过渡的

阶段。

1. 全球各国推出最严减排目标

为了应对全球气候变暖，遏制城市空气质量恶化趋势，世界各国积极推出汽车减排方案。

2019 年 4 月，欧盟理事会通过欧盟汽车和货车二氧化碳排放新标准。按照新标准，从 2030 年开始，欧盟境内新型汽车平均二氧化碳排放量将比 2021 年水平减少 37.5%，货车同期减少 31%。在 2025—2029 年期间，汽车和货车二氧化碳排放量应减少 15%。欧盟通过制定严格的汽车和货车二氧化碳排放标准，目的在于减少汽车温室气体排放，实现巴黎气候协定目标，达到 2030 年实现欧盟 30%的减排目标。

日本通过法律规定汽车燃油经济性倒逼汽车电动化。2019 年 6 月日本政府再次提出新目标，在日本国内销售汽车的厂商，到 2030 年乘用车新车平均燃油经济性要到达到 25.4 公里每升，与 2016 年 19.2 公里每升相比，汽车油耗降低 32.4%。值得注意的是，在 2019 年之前，日本政府为达到此目标，各大车企就必须增加电动汽车和混合动力的销售量。

同样，加拿大政府提出其“第二阶段重型车和发动机的温室气体排放标准”，要求 2027 年牵引卡车温室气体排放量比 2017 年减少 15%～27%，重型皮卡要求二氧化碳减排 16%。

巴西也推出了污染排放物限值方案，从 2022 年开始实施其第七阶段排放法规，要求尾管非甲烷有机气体（NMOG）与氮氧化物（NOx）排放限制为 80 mg/km，颗粒物排放限制为 6 mg/km。第八阶段将从 2025 年到 2031 年每两年收紧一次排放限制，最终目标分为是 30 mg/km 和 3 mg/km。

世界各国减排政策大幅趋紧，给车企带来严峻考验。分析认为如果只是对现有技术进行改良升级，将难以达成政府的监管目标。为此，各大汽车厂商将不得不加快将重心转向纯电动车（EV）和插电式混合动力车（PHV）。

2. 主要车企新能源汽车战略布局

为应对各国政府减排政策，各大车企开始全力加速电动汽车布局，纷纷制定了相应的发展战略目标。

戴姆勒董事会主席在2019年法兰克福车展上提出到，戴姆勒计划推出130余款电动化产品。到2022年，该公司将在欧洲实现车辆生产碳中和；2030年，电动车型将占乘用车新车销量一半以上份额；到2039年实现“梅萨德斯奔驰2039愿景”，即乘用车新车产品阵容的碳中和。

宝马在2019年6月一场集团峰会中宣布，“将加快电动产品扩张计划”，即在电动车型上，计划到2023年推出25款，其中一半是纯电动。2021年向全球客户累计交付100万辆电动汽车。宝马预计2025年开始提供燃料电池汽车产品。

同样，大众汽车制订了“全面脱碳计划”。提出2023年针对电动化领域投资将超过300亿欧元，到2028年推出近70款全新电动汽车，2030年集团车队中电动汽车覆盖比例至少到40%。

亚洲方面，丰田计划到2025年“只配备传统发动机的车型将变为零”。全球电动化汽车年销量达550万辆以上，其中零排放车型的纯电动、氢燃料电池车将达到100万辆。

韩国现代集团在新能源领域已经深耕多年，投资巨大，打造全球第二大环保汽车品牌一直是其中长期战略的主要目标之一。现代企业集团计划到2025年生产并向市场投放13款混合动力车型、9款插电式混合动力等共38款不同动力来源的环保车型。

第八章　新能源时代的变与不变

从当前的全球新能源汽车产业与技术格局来看，一方面，纯电动路线在以中国为代表的区域市场引领下，正在成为全球新能源汽车的主战场。另一方面，以混动、氢燃料为代表的技术路线在过去一段时间也取得了阶段性进展。

在刚刚过去的2019年，新能源汽车及其相关产业和技术路线广受关注：先是纯电动汽车和氢燃料电池在全球范围内遭遇一系列安全事故，直接导致民众对新兴技术路线的不信任感加剧；而围绕动力电池未来雏形和技术方向的讨论更是如火如荼。在这一背景下，汽车社会的新能源时代何时到来？又将以怎样的姿态走进千家万户？一系列问题亟待解答。

一、新能源汽车，安全问题重回视野

过去五年，作为汽车行业的“后起之秀”，新能源汽车产业和产品从蹒跚起步到迅猛前行，一直在接受消费市场和公众舆论的检验，讨论与争议从未停止：从动力电池技术路线之争，到产能布局与优化之策，不一而足。

总体来看，最受关注的话题仍属“安全”二字。不可否认，新能源汽车无论是在产业战略意义层面，还是在终端消费市场层面，前景均十分广阔。但归根究底，只有充分解决安全问题、有效消除产品隐忧，上述命题才能成立。

（一）事故频发考验新兴市场

2019 年 4 月 21 日晚 20 时 15 分，一辆停在车库中的特斯拉 Model S 突然自燃，火势凶猛并迅速蔓延，一度引燃了旁边停放的数辆汽车。无独有偶，次日午后，西安蔚来授权服务中心一辆正在维修中的 ES8 发生燃烧，燃烧视频再度在网络流传。虽然两起事故均无人员伤亡，但电动汽车的安全问题再次被推向风口浪尖，重回公众视野。

2020 年 8 月 21 日，一辆众泰 E200 在上海市的 S20 外环高速上发生自燃起火事故，从现场照片来看，众泰 E200 的起火部位位于前机舱处。此后车辆发生了剧烈燃烧现象，而由于火势过于猛烈，导致了现场过往车辆无法施救，最终这辆众泰 E200 被完全烧毁，只剩下了一个空壳。

实际上，进入 2020 年，国内新能源汽车自燃事件频发。据不完全统计，截至 2020 年 8 月 27 日，我国国内共已发生 35 起新能源车自燃事件，其中绝大部分都为纯电动车型。起火场景也是五花八门：包括充电时自燃、停车时自燃、行驶途中自燃等。

自电动汽车出现之日起，公众对于电动汽车安全性的质疑就从未停止。如今，频发的安全事故引发了更为汹涌的舆论热潮，在某种程度上也大大增加了推广电动汽车发展的难度——一些对纯电动汽车持观望态度的消费者会犹疑乃至推迟购买电动汽车。

近几年来，我国纯电动汽车发展迅猛，市场份额占全球总量的 50%以上，各项相关技术也迅速更新发展。具体表现在：动力电池能量密度迅速提高，接近世界先进水平；电机功率密度等指标大幅提高；部分关键零部件已形成一定市场规模，成本明显下降；整车续驶里程由原来的 100～200 公里，大多提升至 300 公里以上；充电基础设施发展迅速；共享出行等商业模式不断创新。

然而，新能源汽车安全事故频发正考验着这一新兴市场领域。可以说，安全性是当前阻碍电动汽车发展最重要的短板之一，全行业必须给予高度重视。但想挽回消费者的信心，必须找到并解决电动车自燃的源头，才能从根本上解决安全问题。对此，业界普遍认为：动力电池是问题的关键所在。

（二）安全隐忧由来已久

业界权威专家认为：安全事故是新能源汽车发展的致命隐患，而新能源安全事故的本质，是电池热失控。实际上，从动力电池的发展史可知，如何平衡电池性能与安全性一直伴随着电动汽车的发展历程。

从铅酸蓄电池开始，电池作为动力源就已经应用到交通工具上。早期的电动汽车只是风靡了很短暂的一段时间，原因与铅酸蓄电池的特性密切相关。在当时，铅酸电池体积大、能量密度小，特别是电池重量达 1 200 磅，进行维护时需要将其整个电池取下；且在电池底部会形成沉淀物，不定时清理容易造成短路，硫酸等电解液会流出，造成中毒或发生爆炸。

汽油车的先驱查尔斯·杜里埃曾说："一组电池比一座全是病人的医院还难伺候。"正因如此，早期电动汽车并没有实现大规模推广。

20 世纪下半叶，在全球连续发生了三次石油危机后，欧洲和北美等国家急需要摆脱对石油的依赖，电动汽车因此得以"复出"。

1996 年，通用的电动汽车 EV1 量产，成为这一时期新能源汽车的代表作。然而，EV1 使用的依然是铅酸电池组，续航历程仅为 96 公里。尽管随后通用汽车使用了镍合金电池组代替铅酸电池，但续航里程也仅达到 260 公里。福特汽车曾尝试使用钠硫电池作为动力电池，其续航能力是铅酸电池的三倍，但这种电池在实验室中频频起火，存在极大风险，最终没能成功应用到量产车型上。

到如今，经过市场选择和各条技术路线的不断进步，锂离子电池作为纯电动汽车最重要的动力源，受到各大汽车厂商的广泛认可。然而，由于元素特性，锂离子电池本身就存在一定的安全隐患，但现在的科学技术还没有找到更好的替代方案，锂离子电池还将继续服务于电动汽车。如何彻底解决电动汽车的电池安全问题、有效避免事故发生，特别是如何在循环性能、成本、安全性、能量密度、容量等多方面寻找平衡点，将是新能源汽车产业的一个长期命题。

从事故场景来看，目前的数据统计表明：电动汽车在充电时发生事故的比率较大。2018 年，新能源汽车在充电时发生事故的占比达到了 29%，接近三成。而静止、行驶、涉水发生事故的比例分别为 14%、14%和 10%。

究其原因，主要包括：首先，对于目前尚较脆弱的动力电池安全性来说，大功率快充会带来较大的风险，对电池的寿命也会带来一定损失。

其次，构成电池包的基本单元电芯，因生产制程控制一致性差——如混入杂质、异物等，会出现电芯内部短路、起火爆炸的现象，从而进一步引发电池模组甚至电池包起火，最终引燃整车。这种自燃情况在整车充电、搁置和放电过程中均有可能发生。

频繁的电动汽车起火事件，敲响了安全警钟。对此，业界普遍认为，从材料体系上不断追求高能量密度，本身并没有错；但是刻意追求极高的电池能量密度，安全风险确实较高。对此，要充分考虑能量密度和安全的平衡，电芯、电池模组、电池包及整车的安全设计要系统考虑。

（三）多方共治化解隐患

实际上，除了电池安全外，纯电动汽车还面临其他安全隐患。比如，随着汽车电子化程度的不断提高，纯电动汽车的制动和转向系统中的电子组件占比越来越大，容易出现三种类型的安全隐患：一是整车电源中断；二是传感器故障；三是电子控制单元故障。

所有的事物皆具有两面性。虽然安全问题层出不穷，拉紧了消费者的神经，但应全面看待电动汽车的发展与安全问题，不应以偏概全、因噎废食。实际上，无论是监管、企业还是行业组织，近年来全面加大了对新能源汽车安全问题的重视程度。

2019 年 5 月 10 日，工信部组织召开加强新能源汽车安全管理电视电话会议。明确“新能源汽车生产企业是安全第一责任人”。为避免安全事故的频繁发生，新能源汽车生产企业要有危机意识和敬畏之心，加强安全技术研发和测试验证，提升整车结构、电动底盘、高电压系统等安全设计水平，严格车辆出厂检测，确保生产一致性和整车质量安全，向市场提供既先进又安全的新能源汽车产品。同时，还要加强售后服务体系建设，落实安全运行监管责任，及时开展安全隐患排查，保障在用车辆安全。

4 天后，由工信部、发改委、科技部、财政部、公安部、商务部等 20 个联席会议成员单位对新能源汽车的安全问题作了研究讨论，新能源汽车安全问题再次被重点提出。

6 月 17 日，工信部发布《关于开展新能源汽车安全隐患排查工作的通知》，要求新能源汽车生产企业承担汽车安全第一责任，开展安全排查，排查的重点，就是动力电池。

2020 年 5 月，工信部组织制定的电动汽车强制性国家标准正式发布，共分为《电动汽车安全要求》(GB 18384—2020)、《电动客车安全要求》(GB 38032—2020)和《电动汽车用动力蓄电池安全要求》(GB 38031—2020)三项。

电池安全的保障是一个复杂的工程，需要多方的配合和重视。当前对车企来说，首先要在设计指导思想上要将安全放在首位；对监管层来说，在制定技术路线或补贴政策时应重点关注安全性，不应单一、过度强调能量密度和整车续驶里程。此外，正确的舆论导向也可以减少市场对电动汽车热失控的恐惧感，尽量避免夸大电池失火的负面影响。

当前，全球新能源汽车浪潮如火如荼，消费者追求更低成本、更高性能；车企追求高续航和智能化；政府追求经济和社会效益双丰收。然而，驾驶者人身财产安全永远是新技术发展中最不可忽视的核心。在新能源时代，如何通过有效的解决方案来消除新能源汽车的安全隐患，进一步提升行驶安全，应成为零部件企业、整车企业、政府乃至整个社会的新课题。

二、氢燃料电池汽车，一波未平一波又起

氢燃料电池是近年来备受全球能源与汽车业界关注的领域。发展氢燃料电池汽车产业，对稳定能源供给、促进低碳化及改善能源结构，实现汽车产业能源转型和动力转型，具有非常重要的意义。

当前，全球多个国家和地区的燃料电池汽车产业，已经进入由市场化示范阶段向商用化阶段发展的关键时期。然而在 2019 年，韩国、挪威等国接连发生氢气安全事故，在某种程度上加剧了这一新兴技术路线的市场推广难度；另一方面，下游氢燃料电池汽车造价成本依然居高不下，也为大规模商用落地按下了“慢进键”。在此情况下，氢能与燃料电池产业能否安然闯关，备受各界关注。

（一）抵制风波，新技术能否平息安全争议

2019 年，全球范围内发生过若干起与氢燃料电池和储氢设施有关的安全事故，一时间掀起了部分国家和地区民众对于这一新兴技术的质疑乃至抵制。

在韩国，2019 年 5 月，首尔以东约 220 公里的江原道江陵科学园发生氢气罐爆炸，共导致 2 人死亡、6 人受伤。据悉，爆炸发生时，园区内某机构正在进行氢气生产和使用方面的测试。9 月，韩国一家化工厂又发生氢气泄漏事件，随后发生的火灾导致三名工人烧伤。

两起事故接连发生，直接引发大批韩国民众举行抗议活动，反对韩国政府和企业在自己居住地附近修建氢气设施。

对此，韩国产业通商资源部相关人士的表态为：在加氢站等设施的使用和普及过程中，出现类似事故的概率很小，因此韩国仍将继续推行氢燃料汽车的相关扶持政策。此外，业界有专家指出，韩国发生爆炸的储氢罐与车载储氢罐并非同一类。然而，类似的回应依然无法平息韩国民众的恐

慌情绪。

在挪威，2019 年 6 月，首都奥斯陆郊外的一处加氢站发生爆炸，丰田和现代随即停止了该地区氢燃料电池汽车的销售。

在美国，同月，位于加利福尼亚州的一家空气化工产品公司，化工厂的储氢罐和氢气运输拖车发生爆炸和火灾，导致当地氢燃料电池汽车的氢供应中断。

实际上，上述四起氢气事故的发生主体都是加氢站或者化工厂，并不涉及氢燃料电池汽车；但由于氢气的使用安全与氢燃料电池汽车密切相关，因此事故的发生直接加剧了公众对于这一新能源汽车技术路线的不信任感。

从气体本身的特质来看，氢气无色透明、无臭无味、极易燃烧，同时也是自然界最容易泄漏的物质之一。然而，仅从氢气的特性来评断氢燃料电池汽车的安全性确实有失偏颇。

例如，中国工程院院士衣宝廉就曾指出：氢燃料电池汽车的优势之一就在于安全。这是因为：燃料电池的工作方式与内燃机很类似，燃料与电堆是分开的。假如电堆出现问题，只要先把氢气切断就可以，因此比较安全。

从 2019 年氢气事故的直接原因来看，人为因素的确占据了主要地位。例如，韩国爆炸事故的初步鉴定原因为：在进行水电解氢气试验的过程中，因操作失误而导致爆炸。此外，美国频发氢气泄漏和爆炸事故，也与周边工厂大量冷氢气直接泄放有关。

由此可见，在氢能和氢燃料电池的生产和使用过程中，合理的技术手段和规范的操作流程，是规避潜在风险的最重要方法。

无论如何，对于致力于研发和推广氢燃料电池汽车的企业而言，事故频发绝非好事。数据显示，2019 年全球燃料电池乘用车销量超过 7500 辆；虽然同比增幅高达 90%，但基数仍然极小。

日韩车企是氢燃料电池乘用车销售的主力军，也是多年来该领域的领军企业。其中,现代 NEXO 实现销量 4 818 辆,市占率高达 63.6%,销量打破之前丰田 Mirai 在 2017 年创下的 2 689 辆年度销售记录。丰田 Mirai 和本田 Clarity2019 年分别实现销量 2 407 辆、349 辆,市占率分别为 31.8%、4.6%。

受 2019 年氢能相关事故影响,民众抵制氢能源和燃料电池的核心地区之一就在韩国。对此,尽管各国政府一再重申发展氢能的重要性以及氢燃料电池的使用安全性,却依旧无法消除民众的顾虑。

可见,氢能与氢燃料电池汽车产业想要在真正在市场上"落地生根",除了突破技术瓶颈和成本困局之外,如何破除民众和舆论对氢能使用安全性的顾虑,将成为重要课题。在这一过程中,不仅需要科学有效的沟通方式,更需要在审慎调查事故原因的基础上,剔除所有可能引发灾难性后果的人为因素和操作失误。

(二) 商用落地,规模成本困局何时突围

当前,全球许多国家和地区都对氢燃料电池汽车予以厚望。然而从试验场到商用化的进程中,成本困局却像是一道坚实的屏障,亟待突围。

以实现全球量产的丰田 MIRAI 氢燃料电池汽车为例。该款车型在日本市场的售价约为 720 万日元(约合 45.3 万元人民币),如果没有政府的高额补贴,很难与同价位的传统内燃机汽车一争高下。

对比之下,氢燃料电池汽车的"规模-成本困局"在中国体现得更加明显,"依赖补贴才能活"更是成为当前氢燃料电池汽车商用落地道路上的尴尬标签,导致行业发展速度相对缓慢,呈现出"雷声大、雨点小"的特点。

具体来看,氢燃料电池汽车成本居高不下的原因,主要包括以下几方面:

第一,上游氢能产业链尚未建立完善。

氢燃料电池汽车想要实现大规模商业化,成为传统燃油车及电动汽车的有力竞争对手,降低燃料成本是关键一环。然而,目前终端市场的氢气

销售价格却并不算低，根本原因在于氢能产业链尚未建立完善。

例如，在储运环节，目前储运氢气方式以车辆运输、高压氢瓶存储为主，从压缩到物流配送，涉及环节较多、后续成本较高。如果采取管道储运的方式（包括氢气管道和天然气管道），可以降低后续运输成本，但是前期管道改造工程却需要多方协调和不小的投入。

第二，下游氢燃料电池产品类型单一。

从欧、美、日等发达国家和地区的氢能和燃料电池发展规划来看，几乎都是以氢能为抓手，以燃料电池的生产和应用为关键环节，而燃料电池汽车则只作为扩大氢气应用范围的重要产品类型之一。也就是说，单靠燃料电池汽车难以快速拉动氢能与燃料电池大规模普及，相应也很难在短期内形成“规模-成本”良性循环。

从产业长远发展来看，燃料电池在家庭热电联供设备、无人机、叉车等领域应用前景均十分可观。相比于技术复杂、产业链涉及广泛的燃料电池乘用车而言，上述终端产品更容易在短期内打开市场局面，实现商业化落地。

例如，日本政府将家用燃料电池热电联供系统“ENE-FARM”作为扩大氢燃料使用另一大关键领域。为了迅速提高产品普及率和民众认知度，形成产品规模与成本之间的良性助推循环，日本政府在推广初期承担了相当于每套燃料电池设备价格一半的补贴。从 2009 年到 2017 年，热电联供设备在日本销售数量从 2 500 套增加到约 20 万套，同时销售价格也从 300 万日元降低到 150 万日元，降幅达到 50%。

在美国，燃料电池叉车产业发展如火如荼。目前全球燃料电池叉车的市场规模已达到 300 亿美元，其中美国的 Plug power 公司——一家专门设计、开发、制造和销售用于搬运叉车的氢燃料电池系统供应商——就占据了其中 95%的份额。

相比之下，我国燃料电池行业却面临着普及规模受限、产品类型单一的问题。从长期来看，燃料电池汽车无疑占据着该产业的技术与市场高地，是未来各国竞争的重要领域；但是，仅仅依靠汽车行业“一枝独秀”，并不能快速拉动我国氢能产业起步，更难以推动形成我国燃料电池行业“扩大产业规模—推动技术进步—降低产品成本”的良性闭环。

对于氢燃料供应商而言，在燃料电池产品被市场普遍接受之前，并没有大规模制氢的条件和必要性；对于燃料电池生产企业而言，不仅要担负上游零部件进口的高额成本，更要面对下游产品类型有限、批量生产能力不足的困境；对于搭载燃料电池系统的终端产品生产者而言，需求用户采购意愿不足、上游部件价格高昂等因素共同作用加剧了产品推广难度。

如此一来，产业链上下游相互作用，最终将我国燃料电池产业带入了供需两侧乏力、产业规模不大、成本不低的“死循环”中。想要破局，扩大燃料电池产业的生产规模、提高燃料电池终端产品的市场接受度是关键一步。

第三，关键零部件国产化程度普遍较低。

当前，我国已初步建立燃料电池关键材料、电堆、动力系统、整车集成和氢能基础设施核心技术体系，但与国外先进技术水平相比还存在一定差距，特别是一部分关键零部件和材料尚未实现国产化和批量化生产，在很大程度上仍然依靠高价进口。

对比之下，在日本，燃料电池产业链配套体系已基本建立完善，上、中、下游各环节几乎都有企业参与研发生产。

再以汽车传动系统寿命关键材料——质子交换膜为例。目前全球该领域基本被美国杜邦公司、3M 公司、戈尔公司等巨头垄断。中国燃料电池生产企业大多采用的是美国杜邦公司的 Nafion 质子交换膜，进口价格十分昂贵。

可喜的是，当前中国在燃料电池关键部件技术方面，已经取得了长足进展。例如，上海捷氢科技有限公司在 2020 年发布的全新一代车用质子交换膜燃料电池电堆 PROME M3H，完全自主设计开发，58 个一级零部件全部实现国产化，自主化程度和国产化率均达到 100%。其中，长久以来被认为是燃料电池电堆的“卡脖子”技术，均已实现100%自主化与国产化。

除此之外，PROME M3H的各关键参数均处于国际领先地位。比如，电堆功率130 kW，而国际先进水平为114 kW；电堆体积功率密度3.8 kW/L，国际先进水平为3.1 kW/L；电堆贵金属Pt载量0.35 $mgPt/cm^2$，优于国际先进水平0.4 $mgPt/cm^2$，有效降低了成本并节约资源，等等。

总体而言，氢燃料电池汽车想要实现盈利，并非一蹴而就。中国工程院院士衣宝廉认为，在目前国内已经掌握车用氢燃料电池的核心技术的基础上，氢燃料汽车实现盈利还需要五年左右的时间。

(三) 能源变革，氢燃料电池的“前世今生”

在当今世界格局中，能源问题已经成为所有国家的发展咽喉，只有保证了能源供应的畅通无阻才可能保证经济发展的持续稳定。

数据显示：我国70%的石油、40%以上的天然气长期依赖进口；能源供应中可再生能源占比约为14.86%，“三弃”规模高达515亿度电。在此情况下，推进能源革命、构建清洁低碳和安全高效的能源体系，成为关键。

氢能之所以在新一轮能源革命中占据重要地位，不仅具有零碳、高效、能源互联媒介、可储存、安全可控等显著优势，还可在交通、工业和建筑等诸多领域推广应用。因此，发展氢燃料电池不仅是汽车业迈向低碳清洁的一次转型，更与国家能源结构的优化调整同频共振。

具体而言，氢能的主要优势在于：

第一，清洁性。氢在能量转化过程中只生成水和热，不释放碳、氮、硫等化合物和粉尘等污染物，对环境负面影响极小。实际上，从煤炭取代木柴时期开始，能源转型就在逐步推动人类文明走向清洁化，而每一步都向着“降低碳比例”和“增加氢比例”方向发展。木柴、煤炭、石油、天然气分子中的氢原子与碳原子数比例分别为1/10、1/2、2/1和4/1。照此来看，全球能源体系脱碳(或氢化)过程已持续约200年。

第二，储量丰富。氢是地球上最多的元素，广泛分布在自然界中的水、烃类等化合物中。通过电解水、蒸汽转化等方式，化石燃料和可再生能源均可制氢。

第三，能量密度大、转化效率高。氢燃料电池在化学能转换为电能过程中不需燃烧，能源转换效率极高。一般来说，车载燃料电池的效率可以达到60%左右。

更重要的是，在能源矩阵中，氢能不仅可以有效促进化石燃料的高效利用，还是能够有效增加可再生能源在整个能源体系中所占比重的关键存储载体。

首先，氢能作为协调氢网、管网和电网的关键介质，可推动构建容纳多种能源种类、更为灵活稳定的"大能源网络"。随着全球能源开发利用不断趋于多样化，从传统化石燃料到风能、水能、太阳能、生物能等新型能源层出不穷。目前，尚无一个能源网络能够完全容纳和整合"大杂烩式"的混合能源。然而，以氢能为中介构建氢能网络，可有效协同连接电网、天然气管网和氢气网络，横跨电力、供热、燃料、化工等多个领域，从而促使能源供应端融合，提升能源使用效率。换言之，在"三网协同"作用下，可构建一个支持多种混合能源之间供应互补、灵活存储和使用的"大能源系统网络"。

其次，氢能作为可再生能源储存介质之一，是调节电网峰谷、保障输配网络安全的关键。

目前，全球电力网络基本采用单向输送、集中供电的模式，其弊端在于：从大型发电站通过电网长距离输送到家庭、工厂等需求侧，由于供需间传输距离普遍较远，能源消耗较大、利用效率降低。同时，由于电网要求供需实时匹配，"大电网"已成为目前全球最脆弱的能源系统之一，电力生产与输配网络安全问题一旦处理不当，极易引发电网崩溃事故。然而，以氢储能技术为核心，燃气轮机、家用燃料电池、氢燃料电池汽车、热电联供系统等分布式发电储能设备产品的普及应用，可在相当程度上弥补大电网的上述不足。通过将传统单向输电方式过渡到双向输送，能有效减少能源损耗，提高能量转化率，可以创建出更为灵活、安全和稳定的能源互联网络。

例如，氢燃料电池汽车也可作为潜在分布式发电厂。一般电动车约有90%以上时间处于非行驶状态。通过将车辆接入交互式电网，即可为主电网输回电能。、

正因如此，日本、美国、法国、德国、丹麦、韩国等国纷纷制定国家或地方层级的氢能与燃料电池推进计划。

其中，日本政府在2017年就发布了“氢能源基本战略”，主要目标包括到2030年左右实现氢能源发电商用化，以削减碳排放并提高能源自给率。

德国政府在2020年6月通过国家氢能源战略，为清洁能源未来的生产、运输、使用和相关创新、投资制定了行动框架。为支持这一战略，德国政府还将在现有基础上再投入70亿欧元用于氢能源市场推广，另外20亿欧元用于相关国际合作。

在中国，随着氢燃料电池汽车成为我国新能源汽车战略的重要组成部分，氢能与燃料电池技术受到国家高度重视。

《能源技术革命创新行动计划(2016—2030)》《国家创新驱动发展战略纲要》《“十三五”国家科技创新规划》《“十三五”国家战略性新兴产业发展规划》《中国制造2025》《汽车产业中长期发展规划》《“十三五”交通领域科技创新专项规划》等国家级战略规划文件，均将氢能、燃料电池技术、燃料电池汽车等列为重点发展领域，从国家战略高度确立了氢能与燃料电池在推进能源革命、引领科技创新、助推制造业转型升级进程中的重要意义。

未来，如何从国家层面进一步确立氢能的战略地位、优化和打通氢能上下游产业链、不断完善氢燃料电池产品矩阵，将成为中国发展氢能与燃料电池产业的重要课题。

三、多方争锋，动力电池行业再起风云

过去的两年，见证了全球动力电池产业的飞速发展。在新能源汽车产业的带动下，动力电池迎来了时代风口。数据显示，2019 年全球锂离子动力电池出货量 116.6 GWh，同比增长 16.6%，前五的企业分别为宁德时代、松下电池、LG 化学、比亚迪和三星 SDI。

同一时间，多方风云际会，围绕着当下多种技术路线的利弊、未来动力电池的雏形展开热烈讨论和深刻展望；其中，更不乏特斯拉这样的“新晋选手”，以“去钴”为最终目标，将动力电池面临的资源焦虑展现得淋漓极致。

(一) 锂离子电池，改变的不仅是汽车

1. 电动汽车的两次历史“败退”

电动汽车并非新时代的产物。早在 19 世纪后期，配备电池的电动车就曾风靡一时。19 世纪末到 20 世纪初的欧美国家街道上，既有电动车，也有内燃机汽车乃至蒸汽汽车。相比气缸震动引发颠覆的燃油车，还有能效很低的蒸汽汽车，安静、平稳、干净的电动汽车一度更受市场欢迎，是当时的明星产品。

发明大家爱迪生就是电动汽车的坚定支持者，也是镍铁电池的发明者和专利拥有者。爱迪生凭借着自己的科学家地位，一度给电动汽车“带货”不少。正因如此，镍铁电池常被称为“爱迪生电池”。当时，Baker 汽车公司就生产过一款配备了镍铁电池的电动汽车，续航里程约为 80 公里。

镍铁电池，顾名思义就是正极为氧化镍、负极是铁的充电电池。20 世纪前半叶，镍铁电池被普遍视为具备最优竞争力的储能装置。

然而好景不长。1903 年，亨利·福特与其他几位投资者共同成立福特汽车公司。1908 年，福特 T 型汽车问世，开启了以流水线作业大规模生产汽车的时代，由此大大降低了内燃机汽车的成本。

最初，福特T型车将价格定为850美元，此后更是凭借着高产量一路压低售价、抢夺市场。相比高于1 000美元的镍铁电池汽车，显然极具竞争力。

此后许多年，内燃机技术不断进步，而包括镍铁电池在内的电动汽车，却由于在成本与性能方面劣势凸显，渐渐被打入了汽车产业的“冷宫”。20世纪中叶，电动汽车几乎退出了历史舞台。全球汽车产业正式进入了内燃机大爆发的时代。

然而在20世纪70年代，两场石油危机的暴发却给全球工业带来严峻挑战，严重依赖石油的内燃机汽车亦不能幸免。传统汽车产业在生死攸关之际，开始重新寻找新能源替代方案。

这一时期，汽车产业主推的是镍氢电池，其最大优势在于安全可靠。通用、丰田等企业都曾推出了配备镍氢电池的车型。特别是在混合动力汽车领域，镍氢电池曾大放异彩。混动汽车的代表车型——丰田普锐斯，配置的就是镍氢电池。

尽管如此，这一时期的动力电池依旧无法解决汽车的“续航历程焦虑”问题，再加上造价和使用成本过高，以至于在世纪之交，全球共销售出电动汽车6万辆，只占总保有量6亿辆的万分之一。一时间，电动汽车再次上演了“全球大败退”。

可见，想要重新登上历史舞台，与内燃机汽车一争高下，电动汽车就必须在动力电池的技术选择上另辟蹊径。

2. 锂离子电池登场

2019年诺贝尔化学奖授予了三位为锂电池作出重大贡献的科学家：约翰·B.古迪纳夫(John B. Goodenough)、M.斯坦利·威廷汉(M. Stanley Whittingham)和吉野彰(Akira Yoshino)。组委会给出的获奖原因为：“他们创造了一个可充电的世界。”

如今，从手机到笔记本电脑，锂离子电池的身影无处不在。这种电池重量轻、可充电，通过为无数电子设备供电，改变了人类日常生活中利用化学能源的方式，也几乎重塑了电力世界。

锂的特性决定了它非常适合做高能量密度、高电压的电池。简单来说，锂离子电池的工作原理是：锂离子作为电荷载体，通过在正极和负极之间流动，完成电池的充放电过程。当电池放电时，锂离子从负极通过电解质流向正极，充电时则反向流回。

如今在电动汽车产业界，常被提及的磷酸铁锂和三元锂电池，都属于锂离子电池的范畴，区别主要在于正极材料的“配方不同”，从而在能量密度、安全性、成本等方面存在很大差异。在环保和能源压力的倒逼作用下，近些年汽车电动化已经成为不可逆转的全球趋势。

虽然动力电池技术已经取得长足进展，但远没有达到足够成熟的地步。“续航里程焦虑”“性价比”“安全性”等老问题也依旧困扰着业界和消费者。但不可否认，一个锂离子电池主导的汽车时代已经到来。

3. 路线之争

由于具有高能量密度与高工作电压的优势，目前锂离子电池已经成为车用动力电池的主流。

一般意义上的电池是由三部分组成：正极、负极与电解质。由于金属锂与空气和水都能发生剧烈反应，活性极高，因此需要将它嵌入其他材料中保持稳定性。

目前，大多数锂离子电池的负极多由碳基材料构成，比如石墨。而正极材料的配比则多种多样，不同电池厂商和整车厂各有“配方”。这也是市面上之所以出现多种锂离子电池的原因。

比如，现在主流的三种锂离子电池包括：宝马、日产等大多数传统车企青睐的锂镍钴锰（NMC）电池、特斯拉独家推崇的锂镍钴铝（NCA）电池、巴士和客车常搭载的磷酸铁锂（LFP）电池。其中，NMC 和 NCA 由于构成类似（都有镍和钴），因此又同属于三元锂电池的范畴。

按照镍、钴、锰三者的用量比例，锂镍钴锰（NMC）电池又分为 111 型、523 型、622 型和 811 等型号。比如，811 电池正极材料中的锂、镍、钴比例就是 80%：10%：10%。可见，这些电池名字虽然看上去晦涩拗口，但其实把正极材料的构成和用量比例说得很明白。

近年来汽车动力电池市场的两大派别，就是磷酸铁锂电池和三元锂电池。而评价一款电池，一般可以从五个维度出发：功率、能量、使用寿命、成本和安全性。对比两种电池技术路线可以发现：磷酸铁锂电池（LFP）的优势在于安全性很高，使用寿命长，成本也比较可控；但是短板在于单位体积的能量密度低。

所谓能量密度，通俗解释就是“一辆电动汽车充电一次可以跑多远”。换言之，磷酸铁锂汽车相对而言“跑不了太远”。相比之下，三元锂电池的能量密度表现非常好，但缺点在于成本造价高，且安全性差一些。

据悉，目前电池系统成本在 0.6～1 元/Wh 左右。三元电池为1 元/Wh，磷酸铁锂电池约 0.6 元/Wh。二者今后虽然都有下降空间，但磷酸铁锂电池的成本优势还是比较明显。

由此可见，围绕业界和消费者对电动汽车的种种疑虑——包括安全性、性价比和续驶里程，其实与这两种技术路线各自的优势和短板息息相关。要选配哪种电池，就要看汽车厂商和消费者更看重电动汽车的哪些特质。

三元锂电池在续航里程方面有优势，可以有效缓解里程焦虑，因此乘用车厂商更倾向于选用；相比之下，对于高续驶里程并不太敏感，但对安全性要求高的客车厂商则更青睐磷酸铁锂电池。

比如，2019 年亮相伦敦的 Enviro 400 双层纯电动巴士，搭载的就是中国比亚迪公司的磷酸铁锂电池，续航里程在 160 英里左右（约 257 公里）。

在中国，2014 年和 2015 年左右，磷酸铁锂电池的市占率曾高达 55%～70%，但是从 2017 年开始，随着国家新能源汽车补贴政策向高能量密度电池和高续航里程电动车倾斜，再加上三元锂电池技术不断进步，磷酸铁锂电池的市场占有率开始下降。

动力电池应用分会研究部统计数据显示：2019 年上半年中国新能源

汽车动力电池装机总量为30 014.37 MWh，同比增长 94.29%。其中，三元电池和磷酸铁锂电池装机量占比分别为 71.14%与 26.97%，三元锂反超态势愈加明显。

从全球电动汽车的电池装配情况来看，三元锂电池也暂时更胜一筹。根据麦肯锡咨询公司统计数据，除中国外，全球其他国家和地区的车用动力电池装机量中，三元锂电池占比高达 90%以上。据推算，这一比例在 2020 年将有可能达到 98%。特别是 NMC 622 和 NMC 811 两个型号的电池，将快速占领市场。

（二）资源焦虑，特斯拉掀起“去钴之争”

1. “去钴”新闻引发股市震荡

2020 年 2 月 18 日，路透社发布了一则简单新闻，掀起了一次股市风波。这则新闻标题为《特斯拉正与宁德时代商议将“去钴”电池用于中国产车型》。

虽然特斯拉和宁德电池官方都没有对此发声，但是鉴于特斯拉在全球电动汽车界的明星地位，特别是掌门人马斯克曾不止一次表示过，未来一定要实现动力电池“去钴化”的目标。因此消息一出，立即引发大批媒体迅速跟进。

关于“特斯拉弃钴”的风声迅速传导到国内股市。从 2 月 18 日开始，钴板块中的寒锐钴业、华友钴业、洛阳钼业等均连跌数天，一度跌停。

由上可知，钴是三元锂电池的所必需的资源材料，而特斯拉“去钴”无疑意味着要偏离这一主流电池技术路线，另寻他图。

在某种程度上，这一转变的内在动因与三元锂电池的必备原材料“钴”密不可分。想要摆脱钴的其实也不止特斯拉，日本电池产业近年来一直在致力于“降钴”和“去钴”。松下就曾明确表示要在不久的将来推出完全不含钴的电池，以此应对日益高涨的钴价。

从根源上看，特斯拉“去钴”的背后，反映出的是整车厂和电池制造商们在面对极速扩大的电动汽车市场，所产生的极度“钴资源焦虑”。

2. 钴资源焦虑

作为一种用途非常广的金属，钴在商业、工业和军事等多个领域的价值之高，甚至可以被视为战略资源。

在车用三元锂电池中，“镍”与车辆的续驶里程息息相关，但镍的用量越多，热不稳定性越高。而“钴”的加入可以很好地抵消这种不稳定性，防止镍产生的热量炸毁电池。与此同时，钴在车辆反复充电的过程中，还可以起到保护和延长电池寿命的作用。可以说，钴起到了平衡车辆安全与性能表现的作用。

除了用于生产制造动力电池，钴的身影还出现在：燃气轮机的合金部件、汽车安全气囊、石油化工业催化剂、硬质合金和金刚石工具、耐磨耐蚀合金、染料和颜料等许多工业领域。

然而目前一个严峻的问题是，全球钴金属资源储量和分布情况很不乐观。

根据美国地质调查局（U.S. Geological Survey）统计数据显示，2018 年全球探明钴矿资源储量只有不到 700 万吨，产量约 14 万吨，且大部分集中在刚果（金）。2018 年，刚果（金）占全球钴产量的 64％、占全球钴资源储量的 49％。

虽然不排除在今后这段时间，还会有新的钴矿被发掘出来，且钴还常常作为开采铜或镍的副产品。但就目前的情况来看，全球钴资源依旧十分稀缺。

不仅如此，作为全球产钴大户，近年来刚果（金）的政局频起波动，上游产业链能否实现平稳输出尚未可知。

实际上，刚果（金）的钴开采业已经出现了严重问题。据英国《每日邮报》报道，2019 年年底，苹果、谷歌、特斯拉、微软、戴尔五家美国科技巨头，被指控在刚果开采钴的过程中剥削童工劳动力。

据悉，这些童工基本上是在没有任何安全保护设备的情况下，使用原始工具在钴矿进行手工作业，由于矿井坍塌等原因，已经造成 5 名儿童死亡和 11 名儿童受伤。

更令人不安的是，未来人类社会对于钴资源的需求还将有增无减。根据麦肯锡材料研究所和基准矿物情报机构的预测，到 2023 年，全球对于钴的需求至少会翻一番，超过 21 万吨。其中，仅是电池制造一项就将占 14 万吨，占总需求量的三分之二。由此来看，全球钴产量必须达到 10%的年增长率，才能够跟上人类社会的资源需求。

3. 降本压力

目前一辆配备 85 kWh 电池组的特斯拉大约需要 8～10 公斤钴。业界预测，全球电动车年产量在 2025 年将会增至 1 300 万到 1 800 万辆，到 2030 年达到 2 600 万到 3 600 万辆的高点，是 2019 年产量的近 10 倍。

假设全部电动汽车都配置同样的电池组，那么照此估算，到 2025 年，仅仅是这一年用于生产制造电动汽车的电池，就至少需要 10 万吨钴。而 2018 年全球的钴产量也只有 14 万吨而已。

更何况，与特斯拉争夺钴资源的还不只有汽车同行，包括苹果、三星、微软等跨国科技巨头商都是电池市场的大客户。

在这期间，如果上游钴矿资源的开采工作出现任何变故，都有可能会打破预想的供需平衡；另一方面，如果下游电池技术没有实现重大突破，或者出现了其他需要大量使用三元锂电池的设备场景，钴资源也将出现严峻的供给赤字。

从成本角度来看，企业“去钴”的背后更是一道不算复杂的算术题。

据测算，目前电池组约占整车成本的 40%左右，三元锂电池正极材料又占电池组成本的 40%。其中，锂、钴、镍三种材料目前的全球均价之比为 3∶6∶1，钴的使用成本最高。

近两年，在供需关系的作用下，钴价也水涨船高。美国地质调查局数据显示，美国现货市场的钴价已经从 2014 年的约 14 美元/磅，上涨到 2018 年的 38 美元/磅。

在引发中国股市钴板块大幅波动的路透社新闻中，知情人也明确提到这样一条信息："特斯拉正在中国电池制造商沟通，提供一种比现有动力电池更便宜的替代方案。据悉新电池的成本降幅将达到两位数。"

早在2018年，马斯克就曾表示要将下一代电池的钴含量"削减至零"。

当前，国产特斯拉的量产进程正在上海超级工厂快速推进。为了在竞争异常激烈的中国电动汽车市场争取最大份额，特别是要与宝马、戴姆勒等来势汹汹的传统豪华车品牌正面对决，特斯拉产品的降本压力不可谓不大。

也正是根据"无钴""降本"等线索，不少媒体和业界人士认为，特斯拉即将大规模推进的可能就是磷酸铁锂电池。这样的推测虽然不无道理，但也并无实锤。

路透社新闻中有这样一句话："目前尚不清楚特斯拉会在多大程度上采用磷酸铁锂电池，但是这家制造商并没有打算放弃使用镍钴铝（NCA）电池。"可见，放弃一条技术路线并非易事。现在就要评断哪条技术路线可以胜出，也为时过早。

（三）孰优孰劣，未来电池雏形尚无定论

这几年的动力电池市场十分热闹。一方面，磷酸铁锂和三元锂电池技术分别取得了不小的进步，两种路线固有的优劣势正在慢慢消解。

在三元锂电池方面，高镍化趋势已经十分明显。由于具有较高的能量密度和更低的钴含量，NCM 811 被普遍视为锂离子电池的未来。自从2017年下半年以来，国内各大电池厂商——包括宁德时代、国轩高科等，都在争相加码 NCM 811 电池的研发和生产。

磷酸铁锂电池在最近一段时间也得以"翻红"。不久前比亚迪推出的"刀片电池"，就是将电池做成刀片形状，叠起来使用，据悉可以在一定程度上解决磷酸铁锂电池能量密度偏低的问题。

另一方面，所谓的路线之争也远不限于磷酸铁锂和三元锂电池，不少

新技术正在前进的路上。

固态电池就是案例之一。所谓固态电池，是一种使用固体正负极和固体电解质，不含有任何液体，所有材料都由固态材料组成的电池，在安全性和能量密度方面具有很高竞争力。

目前，丰田、宝马、雷诺日产三菱都宣布正在探求加紧推进固态电池技术的研发测试。甚至连一开始不看好纯电动汽车的丰田，都在积极推动固态电池的落地。据悉，搭载最新固态电池技术的丰田电动汽车将于东京奥运会亮相，在 2025 年左右可实现大规模生产。

技术进步永无止境。无论是对于企业、消费者还是政策制定者，立场虽然各有不同，但在评判与选择技术路线时却同样应该慎重。

第一，技术发展的节奏和速度自有规律，特别是对于动力电池技术而言，盲目求快可能会适得其反。

众所周知，芯片技术的发展速度非常之快，这是因为其遵循摩尔定律：集成电路上可容纳的晶体管数量，每隔 18 个月就会增加一倍，相应的性能也就提升一倍。

但是动力电池技术却不适用于这一定律，结果就是：电池的技术进步速度远不及芯片等领域。因此，无论是追求提升能量密度，还是“减配”降本，盲目求快不仅欲速不达，还有可能暗藏风险。

在全球范围内，都曾出现过由于过分追求高能量密度和高充电倍率，引发安全事故的案例，应该引以为戒。

第二，作为搭载在汽车民品上的动力电池，技术路线的选择应该回归应用场景。

换言之，普通消费者需要怎样的电池，取决于汽车要开向何方、用在何处。比如，当中国刚刚开始推动新能源汽车发展之时，技术瓶颈是主要矛盾，里程焦虑成为消费者不敢买、产业无法落地的重要因素。因此，补贴政策一度向着高能量密度和续驶里程的方向倾斜，三元锂电池由此实现逆势反超。

如今，随着电池技术的快速进步和市场的迅速铺开，业界和消费者对于新能源汽车的使用场景有了更清晰的认识。

比如，在城市地区，许多家庭选择新能源汽车作为“第二辆车”，主要用于老年群体出行或接送孩子上下学。在这种情况下，如果所有电动汽车都花费大成本去追求高续航能力，与消费端需求其实并不相符。

在这种情况下，中国的新能源汽车产业政策对于能量密度指标已有所弱化。其背后的推动力就是让技术回归市场、回归应用。

第三，注重从更宏观的能源安全视角，审视产业技术路线。

从全球汽车动力燃料的衍变轨迹可以看出，很多时候推动产业方向发生偏转的力量，来自能源供给结构的变化。当今大部分国家和地区的能源战略中，多元化都是一个重要基点。新能源汽车的出现与发展正是与这一出发点密切相关。

根据国际能源署在 2011 年发布的《电动汽车与插电式混合动力汽车技术路线图》预测，全球汽车产业格局在未来很长一段时期还将继续保持多种燃料方式并存的格局：到 2050 年，插电式混合动力、纯电动和氢燃料电池作为最重要的三条技术路线，将与压缩天然气、传统汽油车等共分全球乘用车市场份额。

而这还只是能源层面，如果从上游原材料角度来看，还能够根据构成和配比细分出许多技术路线。特别是在各个国家都在大力推动电动汽车的时期，锂、钴等金属，其地位与产业战略资源无异。

从企业的角度而言，评估电池技术路线或许更多出于降本压力；但从国家产业安全和资源安全的角度来看，车载动力电池的技术路线选择却非小事，应引起重视。

第九章　智慧出行，未来汽车社会再思考

智慧出行，是人类社会对于未来交通模式的美好构想。汽车作为不可或缺的元素，必然深深嵌入未来大出行图景之中。可以说，全球智慧出行模式的变革，将直接影响未来汽车社会的形态。

当前，电动化、智能化、网联化、共享化大潮正在席卷稳固多年的传统汽车产业格局，倒逼车企作出回应，也给未来人类出行模式提供了崭新的想象空间。然而，变革来得并不容易：自动驾驶商业化之路并不平坦；共享出行遭遇疫情冲击、亟待找到突破口。更重要的是，在后疫情时代，随着人类出行方式走向安全与多元化，未来汽车社会蓝图中还将添上更多未知的色彩。

一、自动驾驶，商业化前夜的冷思考

2016 年前后，“自动驾驶”一词进入中国大众视野。自此之后汽车行业对自动驾驶的各类想法和试验从未停止，新锐企业不断涌现，行业迅速成为竞争红海，从业者在技术研发、创意等方面不断寻求创新和突破，力求实现商业化落地。

几年间，自动驾驶行业风云变幻。新概念层出不穷，烧钱的技术研发之战愈演愈烈，行业由此上演了“冰火两重天”的奇特景象：一边有企业不断入场，试图先人一步抢占潜在市场，新技术研发、公开试驾进行得如火如

茶;另一边部分初创企业先后上演裁员、破产、倒闭等淘汰戏码,公众对此难免疑惑:自动驾驶只是"看上去很美"?

毫无疑问,自动驾驶行业市场广阔。但纵观全球,截至目前仍未有高级自动驾驶企业真正实现商业化落地,仅在商业化试运行层面不断尝试和摇摆。

(一) 冰火两重,自动驾驶是否"看上去很美"

过去两年,全球自动驾驶行业喜忧参半。国家层面出台了多项支持政策,技术突破、试验成果不断落地,自动驾驶逐渐走入了人们的认知和现实生活。但与此同时,残酷的竞争和盲目的"烧钱"研发,也让一些起初手握资本、踌躇满志进入自动驾驶领域的企业,经历了裁员、破产和淘汰的全过程。

1. 热度不减,政策利好不断

首先,过去几年车企、自动驾驶初创公司和互联网公司等纷纷入局自动驾驶,优劣势及特色不尽相同。2019 年至今,百度、奥迪、华为等自动驾驶行业的"先行者"动作频频,成果不断。

2019 年伊始,美国自动驾驶企业 Waymo 公司就传出欲建厂、大规模生产 L4 级自动驾驶汽车的消息。2020 年 6 月,Waymo 与沃尔沃汽车集团达成全球战略合作,Waymo 成为沃尔沃汽车集团及其战略投资品牌极星和领克 L4 级别自动驾驶技术全球独家合作伙伴。

2019 年 9 月,百度在长沙宣布,自动驾驶出租车队 Robotaxi 试运营正式开启。首批 45 辆 Apollo 与一汽红旗联合研发的"红旗 EV"Robotaxi 车队在长沙部分已开放测试路段开始试运营,普通长沙市民登录 Apollo 官网即可申请成为种子用户,并有机会试乘体验。12 月 30 日,百度 Apollo 率先拿下 40 张自动驾驶载人测试牌照,成为国内首批在北京市展开自动驾驶载人测试的企业。目前百度 Apollo 自动驾驶载人测试牌照已达 120 张,远远领先同业。

同月，奥迪中国研发团队在国内高速公路一封闭路段进行了乘用车编队的L4自动驾驶及网联汽车相关演示。这是奥迪首次进行车辆编队行驶自动驾驶测试，覆盖7个高速公路驾驶场景。演示过程中，三辆演示车组成的自动驾驶编队与基础设施及其他车辆持续交互沟通，在收到限速预警、道路施工预警、前方堵车重点提醒、高优先级别车辆让行（如救护车）等C-V2X车路协同信号后，车辆无须驾驶员干预，自动进行相应的车速调整或变道超车等动作。

同时，自动驾驶的技术层面也有大事发生：在2019年10月的世界智能网联汽车大会高峰论坛上，华为轮值董事长徐直军公开表示：华为将利用其光电子技术开发激光雷达和毫米波雷达，解决激光雷达面临的成本问题与性能问题。

其次，行业融资规模不断攀升。据不完全统计，2020年上半年全球自动驾驶行业共融资超40余次，涉及总金额近80亿美元，其中Waymo以30亿美元领跑，中国的滴滴、小马智行、纵目科技、赢彻科技、禾赛科技等竞跑者也排名前列。

再者，继2018年国内多地宣布放开自动驾驶路测之后，2019年在自动驾驶测试及落地方面，政策层面再度释放利好。

目前，我国正在加速自动驾驶技术研发，同时推动自动驾驶产业积极布局。从战略层面来看，除了实现保障交通安全、促进节能减排、提高交通效率等价值外，还有三重特殊意义：为制造业转型升级提供支撑，为建设汽车强国带来机遇，为跨行业创新融合搭建平台。为此，近年来我国相关部门及从业机构协同合力，从顶层设计、技术标准、试点示范等方面明确了自动驾驶汽车产业的发展路线，也为规范推进自动驾驶汽车商业落地做了相应准备。

地方层面也在不断完善和出台测试标准。2019年12月23日，广州发布《广州市智能网联汽车“三同”测试车辆管理办法（试行）》，提出同一批次“三同”（同车型、同系统、同架构）测试车辆，原则上最多以5辆为一组，每组随机抽取一辆由运营中心组织封闭测试。

2020 年 2 月 24 日，国家发改委印发《智能汽车创新发展战略》指出，到 2025 年，中国标准智能汽车的技术创新、产业生态、基础设施、法规标准、产品监管和网络安全体系基本形成。将实现有条件自动驾驶的智能汽车达到规模化生产，实现高度自动驾驶的智能汽车在特定环境下市场化应用。

2. 大浪淘沙，失意者退场

与如火如荼的研发落地、融资投产形成鲜明对比的，是近两年自动驾驶行业频繁发生的倒闭、裁员的残酷景象。竞争日趋激烈，资本渐趋冷静，此前大举融资的自动驾驶初创公司迎来首轮洗牌，自动驾驶行业面临的形势或许并非如想象中乐观。

例如，2019 年初，国内自动驾驶明星初创公司 RoadStar.ai 因内部腐败、技术研发停滞不前、产品落地遥遥无期等问题进入停滞清盘状态，成为我国首家退场的无人驾驶技术公司。颇具讽刺意味的是，这家公司上一次引发公众关注是其 2018 年 5 月总价 1.28 亿美元（约合 8.12 亿元人民币）的 A 轮融资，为当时国内无人驾驶领域的最高融资额，也由此成为当时业内估值之最。

2019 年 6 月，备受关注的自动驾驶公司 Drive.ai 因资金困境，无奈被苹果公司低价收购。

2019 年 7 月，在近一年半的筹备后，通用旗下自动驾驶部门 Cruise 宣布，将推迟原定于 2019 年正式执行的自动驾驶商业计划，同时将增加车辆测试规模。

2019 年 8 月，外媒报道称总部位于以色列的低成本激光雷达（LiDAR）初创公司 Oryx Vision 已于当地时间 8 月 22 日关停，这与华为彼时主动进军激光雷达领域形成了鲜明的对比。

2019 年 11 月，一篇《自动驾驶爆雷！美国专家 4 小时发现百度、英伟达 561 个故障》在自动驾驶领域掀起轩然大波。文章称，美国伊利诺伊大学香槟分校的一个研究团队在分析了自动驾驶公司 2014 年至 2017 年提交的所有安全报告(涵盖 144 辆自动驾驶汽车,累计行驶 1 116 605 英里,约合 180 万公里)后,得出一个截然相反的结论:在行驶相同里程的情况下,人类驾驶汽车发生事故的可能性比自动驾驶汽车少 4 000 倍。随后该团队通过其开发的一种针对自动驾驶的故障评估技术,在对百度 Apollo 3.0 和英伟达专有自动驾驶系统 DriveAV 的测试中,短短 4 小时就发现了 561 个关键安全故障。

尽管此后百度及时对此做出回应,并强调单纯的软件故障并不能使自动驾驶汽车发生安全事故,但依旧无法消解人们对自动驾驶安全性的怀疑。

2019 年 12 月,硅谷自动驾驶卡车创业公司 Starsky Robotics 由于未能筹集到新资金以维持运营,与潜在买家(包括其竞争对手)进行谈判,以“卖身还债”。同月,激光雷达鼻祖 Velodyne 正式决定裁掉中国办公室,包括直销团队和部分技术支持,并将其销售模式从直销模式恢复到刚进入中国的“代理模式”——这意味着 Velodyne 已基本放弃中国市场。

这是由于,在激光雷达领域,Velodyne 的产品已不是中国及其他国家自动驾驶公司的唯一选择,包括禾赛、速腾、大疆、innovusion 在内的中国同业公司正在加速成长并趋近成熟,这一技术领域市场虽未饱和,但已非“一家独大”。对于自动驾驶公司而言,激光雷达技术必不可少,且前景无量,但其技术难度大、商业变现慢也是不争的事实。接下来,随着行业竞争的进一步加剧,或将有更多资金流受困、商业化变现前景模糊的同类企业被淘汰出市场。

(二)回归理性,商业化落地并非易事

冰与火的强烈对比,给全球自动驾驶公司敲响了警钟,也促使从业者尽早将商业化落地排上日程。但从实际情况来看,早前看似顺利的技术研发、载人试驾或许并不意味着商业化落地也将顺水推舟,实现系统性商业

化变现并非易事。

据科尔尼数据预测，到 2025 年全球自动驾驶（包含车端、道路、云等）市场规模将达 800 亿美元，至 2030 年市场规模将达 2 800 亿美元。同时，据罗兰贝格数据预测，2020 年全球自动驾驶车端系统的市场规模 1 138 亿美元，到 2030 年市场规模将约为 5 000 亿美元，其中芯片、传感器、软件算法将贡献主要增量市场。

市场规模诚然广阔，但最终能够撑起市场规模的绝非抽象的概念、炫酷的技术创意，而是实实在在的研发能力和雄厚的资本支撑——自动驾驶即将进入商业落地期，这是最有效的"敲门砖"。

1. 企业回归理性，寻找可执行方案

在 L4/L5 级自动驾驶技术距离普及仍需较长时间的背景下，诸如英伟达、英特尔、大陆、采埃孚等从业机构对自动驾驶的热情开始回归理性，将重点放在了 L2/L3 级别产品的商业落地。

例如，英伟达在 2019 年推出了面向 L2＋的自动驾驶解决方案 Drive AutoPilot，并宣布联手采埃孚、大陆两大跨国零部件巨头准备在 2020 年投产；百度发布的 Apollo 3.5 专注于特定场景的应用——包括市中心和住宅场景在内的复杂城市道路无人驾驶。

2019 年 1 月，百度在 CES 展会上正式对外发布 Apollo Enterprise（即 Apollo 企业版），迈出了其自动驾驶业务走向商业化的关键一步。从百度自动驾驶的商业化布局来看，从开放 Apollo 平台吸引众多国内外的整车企业加入其联盟，到推出一个商业化的全新品牌，其商业模型日渐清晰——Apollo 平台将基础性架构和模块对外开放，而 Apollo Enterprise 则尝试根据企业的各类需求提供系统的解决方案和定制化服务，收取服务费用。

业内普遍认为，目前距离自动驾驶实现真正商业化还有很长的路要走，在高级别自动驾驶车辆正式走进人们的日常生活之前，在 L2/L3 级别实现商业化不失为过渡期内相对稳妥、可执行的选择。

2. 资本进入冷静期,联盟脆弱性显现

一方面,经历一轮自动驾驶初创企业的洗牌之后,资本逐渐恢复冷静,从此前广撒网、抢占赛道的思路中抽身出来,重新审视自动驾驶行业的投资价值和筛选机制。

据行业报告测算,2019 年自动驾驶行业兼并收购金额同比下滑 54%,2020 年 Waymo 首次寻求外部融资,估值仅 300 亿美元,较高点缩水 70%。对自动驾驶企业而言,靠“讲故事”吸引融资已成过去,接下来商业化能力、盈利能力才是获取资本青睐的根本所在。

另一方面,在经济下行期,特别是受突袭全球的新冠肺炎疫情影响,自动驾驶领域的“巨头联盟”也显现出一定程度的脆弱性。

例如,2020 年 6 月宝马与戴姆勒双双宣布裁员,双方结成的自动驾驶联盟也对外宣告结束。2019 年 7 月,宝马与戴姆勒宣布在自动驾驶领域结盟,组建了 1 200 人的技术团队,共同开发共享的自动驾驶平台,并在 2024 年量产 L4 级自动驾驶汽车,但不到一年便戛然而止,外界称此次分手为“没有面包,何谈爱情”。

双方在共同发表的声明中称,鉴于目前的商业和经济状况,共享技术平台的研发涉及成本过高,而且研发过程也比预期中更复杂。所以经过慎重研究,双方决定暂停合作,各自回到原点。

由此可见,自动驾驶的商业化落地还有很大的探讨空间,无法一蹴而就。

(三) 前路展望,耐力赛抑或冲刺跑

自动驾驶汽车作为涉及汽车、通信、互联网、制造等多行业协作的新兴产业,是一项系统性极强的复杂工程。未来十年无疑将是自动驾驶行业优胜劣汰的快速发展期,期间必将出现多产业融合效应,吸引众多企业投身参与,同时也会有不少企业迫于资本压力无奈退出。

后疫情时代,全球各国形势不一,在推进产业发展和监管规范的过程

中，不断涌现出诸如数据归属、路试规范、信息安全等棘手问题。中国虽在技术路线、规范制定等方面已取得长足进步，但也面临着法律法规、道路设施、技术标准、地理信息和路试准入五方面的挑战，亟待突破解决。

第一，法律法规方面。

自动驾驶汽车想要实现上路行驶，满足当地道路交通法律法规是一个"硬门槛"。自动驾驶的级别和发展阶段不同，对于通行规则、法律责任、监管措施等要求也随之不同。

中国自动驾驶汽车尚处于试验阶段，现行的《道路交通安全法》及其配套的法律体系都没有充分考虑到自动驾驶车辆的问题，目前国内也没有专门针对自动驾驶汽车上路行驶的法律规定，在车辆和驾驶人管理、道路通行规则、法律责任、总体制度设计等方面均存在空白。

第二，道路设施方面。

当前全球大多数道路主体设施及沿线交通工程设施的设计和配置主要依托于人机工程学理论，也就是说，设施参数基本依据人的行为特性而定，以满足人性化的出行需求为出发点。然而，自动驾驶汽车作为未来交通系统的参与组成部分，在环境感知、信息分析以及判断决策等方面都与人类有极大差别。

因此，加强道路基础设施与自动驾驶车辆的相互适应性，建立起不仅仅依靠车辆自身能力的车路协同式自动驾驶解决方案是最优选项。其中包括：统一、规范、易于识别的交通标志标线；易于雷达探测与分辨的护栏与安全岛、专用道路等道路环境；将传统的交通灯信号、可变限速等交通控制命令，通过准确和及时的车路通信方式，转变成车辆的预警和执行动作，等等。道路交通设施的完善与改造将大大降低自动驾驶车辆的技术复杂度和制造成本，并提高交通系统的整体控制能力和运行效率。

第三，技术标准方面。

近十年来，自动驾驶汽车关键技术研发在全球掀起热潮。受益于政府对专利申请的支持政策，中国企业在自动驾驶汽车领域的专利申请总量上远超欧美日等发达国家，占全球近十年 3.2 万件专利总量的 37%左右；日本、美国、德国、韩国则分别占比 20%、16%、12%、7%。然而，与美、日、欧等汽车发达国家和地区相比，中国自动驾驶产业在热点技术方面仍有不小的进步空间，特别是在辅助驾驶和车载通信两个子领域的劣势明显。

第四，地理信息方面。

自动驾驶车辆在行驶过程中会通过激光雷达、摄像头、毫米波雷达等传感器设备感知并形成车辆周围的高精度真实三维影像。无论是自动驾驶作为测绘活动本身，还是自动驾驶技术所需的高精度地图和定位系统，都将给我国现行的测绘地理信息保密政策制度带来强烈冲击和一系列挑战。

从整体来看，自动驾驶汽车的运行不仅仅是汽车行业的问题，还涉及通信网络、信息传输与安全、数字化基础设施、交通管理系统等方方面面。由此可见，自动驾驶产业的发展与壮大，不是冲刺跑，而是一场涉及多方参与的耐力跑。

二、共享出行，跑马圈地是否为时尚早

2012 年，中国共享出行迈出探索的第一步，不到十年就已成为全球出行产业创新发展的一片肥沃土壤。2016 年，随着“共享出行”概念的白热化，车企、互联网巨头、资本等纷纷入局跑马圈地，试图抢占赛道。

《中国共享出行发展报告(2019)》显示，2018 年我国各类共享出行人数已超过 284 亿人次，共享出行的交易额达 2 478 亿元，同比增长 23.3%。

在我国众多一二线城市，骑共享单车、开共享汽车、用出行 App 打车，已成为当代“无车一族”通勤出行的最优选择。共享出行模式一方面满足了部分用户的自驾需求，另一方面也避免了车辆闲置无法被有效利用造成的资源浪费。

进入 2020 年，席卷全球的新冠肺炎疫情，让共享出行企业遭遇了前所

未有的挑战，公众出行减少、订单量骤减，原有战略规划被骤然打乱，转型求生迫在眉睫。

（一）入局圈地，定义新出行方式

多项研究表明：电动化、网联化、智能化的电动汽车将使共享出行的“人均公里成本”下降 40%左右；未来自动驾驶的共享汽车可以自行移动到出行需求点，实现无缝接驳；人、车、路实时共享交通信息，使出行效率提高。在中国，很多消费者每天生活在互联网上，越来越接受“少拥有、多分享”的理念。

同时，我国共享出行市场仍在保持快速增长。公开信息显示，2018 年仅滴滴打车就在全国 400 多个城市为用户提供了约 100 亿次的出行服务，平均每天约 3 000 万次，且仍保持着年均两位数增长。

尽管竞争不断加剧，中国共享出行领域仍被视为一片蓝海，可挖掘空间巨大。据普华永道预测，到 2030 年，美国、欧洲和中国共享出行的市场价值将达到 1.5 万亿美元（约合人民币 100 368 亿元），年均复合增长率（2017—2030 年）约 24%，其中，中国的共享出行市场为 5 640 亿美元（约合人民币 37 738 亿元），年均增长 32%。

为应对这一发展趋势，汽车巨头及互联网公司纷纷开始布局共享出行服务。

2015 年，时任奔驰汽车全球总裁的蔡澈提出，汽车业的“数字化转型”已全面展开，梅赛德斯-奔驰正从汽车制造商转变为互联网出行服务商。自此之后，宝马、奥迪、大众等车企巨头与北汽、长安、上汽、吉利等我国传统车企争相表示，要实现从传统汽车制造企业向移动出行服务提供商的转型。

2015 年 11 月，吉利推出了国内首家新能源汽车共享出行服务平台“曹操专车”，运营车辆全部采用纯电动车型吉利帝豪 EV；2019 年 2 月其品牌和服务全面升级为“曹操出行”。截至 2019 年 9 月，月活达 449 万，平均每个城市月活为 9.5 万，跻身我国网约车公司队列前三，成为第一大 B2C 网约车公司。

2017 年 4 月，北汽成立出行服务平台“华夏出行”，随后在北京推出分时租赁品牌“摩范出行”，并计划同步开展网约车、整车租售等业务；同年 6 月，长安汽车推出的“长安出行”App 在重庆上线并开放注册，展开汽车共享业务。

2018 年 5 月，长春第一汽车服务贸易有限公司推出提供分时租赁业务的“开开出行”；同年 8 月，长城汽车发布旗下共享出行业务品牌“欧拉出行”；12 月，上汽发布“享道出行”，并上线个人网约车平台“享道专车”。

2019 年 1 月，江淮汽车旗下网约车品牌“和行约车”正式上线；4 月，东风公司“东风出行”平台正式运营；6 月，由广汽集团、腾讯、广州公交集团、滴滴出行等共同投资的创新移动出行业务“如祺出行”正式上线；7 月，由一汽、东风、长安、阿里、苏宁、腾讯合资的 T3 出行在成立一周年之际低调上线了 App。

易观千帆数据显示，自 2018 年年底至 2019 年，T3 出行、享道出行、东风出行、欧了约车、和行约车、耀出行、有鹏出行、旗妙出行等超 9 家主机厂背景网约车企业相继进入市场，探索转型出行服务商道路，为网约车市场发展注入新活力。其中和行约车、T3 出行、享道出行成为新入局主机厂背景网约车企业布局城市数量前三名，呈现较快市场扩张态势。同时，主机厂背景网约车企业充分发挥车源优势，推动营运车辆定制化生产。

作为网约车市场“新生儿”，这些主机厂背景网约车企业充分发挥自身在车源、牌照、本地网络等方面优势，同时选取“区域性＋B2C＋专车”的稳健发展策略。在市场定位方面，主机厂背景网约车企业依托 B2C 商业模式，对线下服务拥有较强垂直管控能力，专注发展高品质专车服务；在城市布局方面，主机厂背景网约车企业发挥政府资源优势，围绕主机厂或生产基地在地，进行区域性发展。

与此同时，我国网约车市场保持“一超多强”市场竞争格局。据易观千帆数据，滴滴出行凭借 9 252.9 万用户规模，处于绝对领先；独立专车 App 中，首汽约车活跃用户规模最高，达 411.5 万。2019 年新进入市场的主机厂背景网约车企业呈现亮眼运营成绩。2019 年 12 月，T3 出行，享道出行、东风出行、欧拉约车活跃用户规模达 125.2 万、89.0 万、32.7 万，跻身行业活跃用户规模 TOP10 榜单。凭借高用户补贴力度，新进入市场主机厂背景网约车企业获得较快用户增长。

随着共享出行服务水平和层次的不断迭代升级，人们的各类出行需求都将得到不同程度的满足，从而进一步弱化个人购车、开车的需求，定义新的出行方式。

（二）疫情之下，共享出行遭遇大考

突如其来的新冠肺炎疫情“黑天鹅”，让共享出行行业乃至全球汽车产业经历了一场史无前例的“压力测试”。

1. 疫情改变人们的用车观念

2020 年 5 月，凯捷咨询公司在对中国、德国、印度、英国和美国等 11 个主要汽车市场的 1.1 万名消费者进行调查后发现，由于疫情扩散，年轻人现在对公共交通和优步等叫车服务产生了戒心，疫情引发了人们对使用公共交通和共享出行服务的担忧，考虑购车的年轻人大大增加，且消费者对于数字化购车和无接触交付的需求进一步强化。

出于对健康和安全的担忧，44％的受访者表示 2020 年将更多选择自驾私家车出行，40％的受访者表示将减少使用公共交通工具和网约车服务的频率，近 30％的受访者表示愿意为提供健康功能的汽车支付溢价。

该项调查还显示，35％的受访者有意向在 2020 年买车，中国受访者的这一数据超过 50％，不少有购车意向者表示，对车内颗粒物过滤器等健康设备感兴趣，且他们感觉拥有自己的汽车在安全方面会更有保障。

分析称，一方面消费者希望避免乘坐公共交通工具和共享出行工具，或推高私家车的购买需求；另一方面疫情对宏观经济造成的冲击将一定程度影响人们的家庭收入，同时远程办公也可能意味着汽车通勤的频率减少。鉴于这些因素，汽车产业或将呈现出与疫情前大不相同的业态。

2. 共享出行头部企业遭遇巨亏

受疫情影响，诸多消费者出于安全考虑不敢、不愿乘坐网约车，致使2020年以来全球多家跨国车企、网约车巨头难耐亏损，不得不实行裁员、降薪等举措降低成本。

2020年3月，美国共享出行独角兽公司Bird解雇了406名员工，约占总员工数量的30%。与此形成鲜明对比的是，此前其仅用时4个月就使估值冲上20亿美元，风光无两。

4月，优步(Uber)网约车业务较上年同期下滑80%，该业务占公司营收的3/4，疫情导致其遭受重创。随后不久，Uber首席执行官达拉·科斯罗萨西向全体员工发送公开信，宣布拟再裁员3 000人，关闭或合并45个办事处，并重新评估从货运到自动驾驶技术等领域的巨额押注，甚至出售非核心业务。此前其已经宣布裁员3700人，关闭了30多个办事处，并计划节省逾10亿美元的固定成本。

4月23日，通用汽车宣布Maven将在今年夏天完全结束运营，同时针对来福车及优步网约车司机的Maven Gig共享汽车服务也将逐步关闭。接近同时，戴姆勒与宝马合资运行的出行公司Free Now也传出即将重组的消息，或将通过裁员来削减成本。

5月初，美国网约车巨头来福车宣布将在全球范围内裁员982人，约占员工总数的17%。其承认疫情对公司业务产生了“深刻影响”，传统叫车业务需求暴跌，4月乘车人数同比下降了约75%。

与此同时，印度网约车公司Ola也宣布裁员1 400人，由于新冠肺炎疫情所导致的封锁，其业务量在3—4月份下降了95%，业务前景“很不明朗，难以预测”。该公司CEO Bhavish Aggarwal表示由于新冠病毒的传播，这次疫情危机“肯定会对公司造成长期影响”。

（三）审时度势，几家欢喜几家愁

统计数据显示，2019 年中国网约车市场整体交易金额达 3 044.1 亿元，环比增长 3%。受到宏观经济放缓、政策趋严等因素影响，市场交易规模增速放缓，行业进入规范化调整期。

易观千帆数据显示，截至 2019 年 12 月，中国网约车市场乘客端活跃用户规模为 10 081.6 万，同比下降 0.73%，但相比于年初 1 月份实现了 6.5%增长。此外，2019 年 12 月司机端活跃用户为 2 051.7 万，相比于年初增长 19.8%。中国网约车市场活跃用户规模在波动中呈现回暖态势，表明网约车行业玩家正逐步调整并适应政策监管环境。

尽管成绩持续向好，但 2020 年主机厂背景的网约车企必定将迎来争抢存量用户、差异化服务等方面的诸多考验。

1. 共享出行将迎来服务重点和商业模式的更新迭代

一方面，在我国新车销售持续冷淡的环境下，主机厂出于成本、收益等方面考虑，或许不会无上限地对网约车业务倾注资金及资源，此前的“补贴大战”或许不会持续，如何在补贴撤场后留住用户、提高用户黏性，是亟需解决的问题。另一方面，面对滴滴、首汽约车等头部专车品牌，下注专车市场的主机厂背景网约车也面临如何在同质化、白热化的服务竞争中开辟出自身特色，站稳脚跟的问题。

长期以来，打车难、等车时间长一直是共享出行行业的一大痛点。2019 年 WAIC 会议公开信息显示，我国网约车市场平均打车成功率不足 75%。为解决这一问题，我国网约车企业落地了诸多对策，未来也将更加重视服务供给侧的升级。

例如，通过对外投资汽车租赁公司、重金自建线下管理平台等方式，加强在汽车租赁、司机筛选等环节的自主可控，从源头上强化资源供给。

具体而言，2019 年滴滴出行旗下小桔出行在全国 7 个城市设立租车交付中心，打击高利率“以租代购”等不法手段，以保障司机租车权益，提高司机的平台忠诚度。与此同时，滴滴出行 2019 年与比亚迪、丰田汽车等主机厂共同投资建立汽车租赁公司，通过增加线下管理支点，达到加强线下人员资质审核与线下服务管理力度目的。

同时，拼车、顺风车业务在 2019 年成为行业重点营销的出行产品之一，用于缓解打车难痛点。但不可否认的是，这两项业务在迅速发展过程中也滋生诸多乱象，需要监管部门及网约车平台进一步规范和整顿。

哈啰出行、曹操出行分别在全国范围上线顺风车业务。截至 2019 年 12 月底，哈啰出行累计服务 4 000 万乘客。同时，嘀嗒出行推出“5 亿顺风金瓜分大行动”，以优惠方式提高平台顺风车用户活跃度。此外，2019 年 11 月，滴滴出行全国 18 个城市重启顺风车业务，以严格准入审核、完善服务管理体系，受到用户欢迎。

2019 年 12 月，滴滴出行通过在全国 26 个城市上线“全民拼车日”优惠活动，吸引 310 万＋乘客参与，其中 68 万乘客为首次使用拼车服务，实现拼车业务有效推广。根据易观千帆，截至 2019 年 12 月底，滴滴顺风车独立 App 活跃用户规模已跃升至 55 万。

必须指出的是，共享出行是一项巨大的复杂的社会工程，目前仍在高速发展之中，无论商业模式、运行方式、产品技术还是政府监管，都不尽完善，仍需多方协力研究解决。

2. 各国全球共享车企各出奇招，渡过难关

将视角拉的更大些，在新冠肺炎疫情引发的经济寒冬里，全球共享出行企业都在为寒冬储粮，在现有业务的基础上寻求转型，构建多元化的业务版图。

例如，为了控制成本，2020 年，Uber 除裁员之外还宣布将关闭其非核心业务，包括孵化器及其专注无人驾驶研究探索的人工智能业务研究院 AI LAB，在削减研发支出的同时调整业务中心，将主营业务从网约车向外卖服务转移，同时测试外送服务模式，通过与商超、宠物店、餐饮店等线下门店合作开发送货服务，寻找新的增长点。

Uber 2020 年一季度财报显示，外卖业务营收已达 8.19 亿美元，同比增长高达 53%。首席执行官科斯罗萨西称，Uber 外卖业务第一季度的增长已超过内部预期，预计第二季度增长率也会大幅提高，甚至成倍增加。

美国另一家网约车巨头来福车，为弥补网约车业务板块的巨大亏损，自 2020 年 4 月起在美推出按需送货服务，为疫情期间需要帮助的人提供生活必需品，包括日用品、食物和医疗用品等。这家美国公司表示，由于网约车乘客数量大跌，许多网约车司机收入几乎消失，通过协助政府机构、非营利组织、企业和医疗机构送货，将为这一群体提供一次赚取收入的机会。

三、打造高效交通，汽车产业如何再定位

迈入汽车行业转型升级的全新时代，进化与变革成为当下及未来的关键词，主流车企为跟上节奏，纷纷提出要向移动出行服务商转型——这是制造业的整体方向，传统车企在跟上时代更替、行业升级脚步的同时，也要放眼大局，兼顾新旧与内外。

（一）构建交通强国，汽车业需兼顾新旧与内外

2019 年 9 月，中共中央、国务院印发《交通强国建设纲要》，提出到 2020 年，完成决胜全面建成小康社会交通建设任务和“十三五”现代综合交通运输体系发展规划各项任务，为交通强国建设奠定坚实基础。从 2021 年到本世纪中叶，分两个阶段推进交通强国建设。

到 2035 年，基本建成交通强国。现代化综合交通体系基本形成，人民满意度明显提高，支撑国家现代化建设能力显著增强；拥有发达的快速网、完善的干线网、广泛的基础网，城乡区域交通协调发展达到新高度；基本形成“全国 123 出行交通圈”（都市区 1 小时通勤、城市群 2 小时通达、全国主要城市 3 小时覆盖）和“全球 123 快货物流圈”（国内 1 天送达、周边国家 2 天送达、全球主要城市 3 天送达），旅客联程运输便捷顺畅，货物多式联运

高效经济；智能、平安、绿色、共享交通发展水平明显提高，城市交通拥堵基本缓解，无障碍出行服务体系基本完善；交通科技创新体系基本建成，交通关键装备先进安全，人才队伍精良，市场环境优良；基本实现交通治理体系和治理能力现代化；交通国际竞争力和影响力显著提升。

到本世纪中叶，全面建成人民满意、保障有力、世界前列的交通强国。基础设施规模质量、技术装备、科技创新能力、智能化与绿色化水平位居世界前列，交通安全水平、治理能力、文明程度、国际竞争力及影响力达到国际先进水平，全面服务和保障社会主义现代化强国建设，人民享有美好交通服务。

其中，客运便捷顺畅、货运高效经济是重点的关键词，也无疑将为汽车行业的发展带来巨大影响——私人乘用车在交通强国建设的大格局中将处于怎样位置，这是攸关汽车行业发展的重大问题，其中也必有“进”“退”与“变”的抉择。

（二）迎接后疫情时代，出行方式走向安全与多元

在举全球之力防控疫情的非常时期，各国纷纷采取各项措施阻止病毒传播，“少出行”“少接触”已成共识。业界预判，进入“后疫情时代”，城市交通体系和汽车行业将会吸取疫情期间的经验和教训，针对人们出行方式的变化及时调整相关政策和企业战略。

1. “健康出行”成为首选

非常时期，出于对安全的考虑，公众对出行工具的选择偏好发生了非常明显的变化。相较于以往“速度快、价格低”的出行要求，健康、安全成为第一顺位的考虑要素。

例如，此前在不考虑出行环境的情况下，乘坐公共交通是大多数人的选择，因为其价格低廉、性价比高；但在疫情期间及疫情后较长时期内，开私家车“健康出行”或将成为大众化选项。

根据腾讯汽车联合车巴客开展的《新冠肺炎疫情对于城市出行行为的

影响》问卷（下称《问卷》）显示：疫情中所有出行需求都大幅降低，而“买菜购物出行”的刚需地位凸显，由2.5％上升为23.4％；生活消费的需求由原先5.7％上升为10.8％。相应的，这导致疫情期间短距离出行（3公里以内）需求大量替代中长距离（3公里以上）出行。

这也在很大程度上影响了出行方式的供需情况。

首先，共享出行在短期内或将出现收缩态势，而对以公共交通、拼车等为代表的“互联网＋”出行方式需求或将出现明显下降，这是人们在“健康第一”原则下的自然反应。

《问卷》显示，在疫情期间，私家车出行比例由48.4％提升到60.2％；步行方式更是由1.6％提升到16.5％。预计疫情结束后，公交地铁等共同交通使用人数将大大减少，网约车和出租车业有一定程度的减少。

2020年4月，深圳市消费者委员会与福田区消费者委员会共同开展的新型冠状病毒肺炎疫情影响下深圳市消费者行为变化调研显示，预计疫情结束后，选择公共交通出行的消费者比例有所下降，减少此出行方式的消费者比例为24.72％；而选择私家车出行和环保出行（步行/自行车等）的消费者比例均有所增加，增加的占比分别为22.06％和24.25％。

其次，共享单车、共享电动车等小型共享出行工具或迎来“春天”。对于短距离的出行需求，人们或更青睐共享单车这类与其他人无接触、健康系数更高的共享出行工具，而非以往“非打车不可”的态度和习惯。

再者，企业为员工、学校为学生提供定制化交通工具或成趋势。复工以来，各地各企业、学校等先后制定和实施了定制公交线路的举措，为企业员工、在校教职工及学生提供班车，避免交叉感染。同时，企业主体在卫生防疫方面也毫不含糊，对车厢满载率、驾驶员资质、车辆消毒、规划路线、站点、乘车时间等相关因素严格控制，最大程度保障用车安全。

2. 出行需求或将收缩

疫情对于出行需求的影响巨大，体现在多个领域。一方面，全球汽车产销市场下行压力持续增大，在上游断供、下游停产、需求乏力的多重夹击之下，即便是根深业大的欧美跨国汽车企业也普遍遭遇现金流吃紧，德国车企甚至一度恳请政府出手救市。

麦肯锡咨询公司的数据显示：截至目前，全球主要城市的公共交通客流量平均下降了 70%～90%，而维持运营的成本却因限制客流、体温检测等措施的施行而有增无减。全球主要叫车平台在疫情期间的总需求量预计减少 60%～70%，诸多拼车服务等还曾一度被叫停。

《问卷》则显示，仅有 26.8%的人认为疫情结束后对出行没有影响；38.7%的人会降低日常出行频次；34.2%的人会减少长途交通工具使用。此外，71%的人表示疫情完全结束前不考虑旅游，只有 9.3%的人认为疫情不会影响对旅游目的地的选择。

就不同出行方式来说，疫后以飞机出行为主的人受疫情影响小；而日常以步行、网约车和出租车为主的人，选择“无任何影响”的比例最低，仅为 10.7%。

3. 打造多样化城市交通体系

实际上，除了疫情给人们的出行模式带来反思，在中国城市交通建设狂飙突进的十年时间里，对于城市道路规划的理念与实践也一直发生着变化。总体而言，是根据公众的具体需求。

交通部官方数据显示目前，全国共有城市公共汽电车 67 万辆，共有 37 个城市开通轨道交通，运营里程超过 5 300 公里。城市公共交通年客运量超过 900 亿人次，共享单车日均使用量超过 4 000 万人次，绿色出行方式每天服务近 3 亿人次。可见，一个混合出行、和谐共生的交通模式正在各大城市生根发芽。

如今，在全球许多发达城市，鼓励和倡导多样化出行方式已经成为共识。在哥本哈根，自行车不仅是出行工具，更是当地潮流文化。哥本哈根预计到 2025 年将实现 75%的绿色出行率。在美国，驾驶私家车不再是青少年彰显个性和付诸热忱的唯一选择。数据显示，1983 年，有 87%的 19 岁美国年轻人获得驾照，而到 2013 年，这一数字已经下降到 70%。

而随着汽车产业自动化、共享化、互联网趋势日渐明朗，整个道路交通体系在互联网、人工智能和移动通信等前沿技术的催动下，正在焕发新的生机，以传统汽车产品为中心的城市出行体系，即将被以消费出行体验为中心的生态圈取代。

这也就是为何，如今的大型跨国汽车企业已经不愿以汽车制造商自居，而是在携手合作交通领域的伙伴，向着移动出行服务商进发。换言之，未来出行的意义将从“买一辆车”转变为购买任何一种可以满足从 A 点到 B 点间通行的工具或服务。

城市交通终于回归了其本来的意义，无论是自行车、步行，还是私家车、出租车和网约车，抑或地铁、公交等，都可以在以人为本的前提下任意组合，根据出行需求重新“排兵布阵”，共同见证一个新出行时代的诞生。